对弈人生残局

DUI YI
REN SHENG
CAN JU

求真 / 选编

民主与建设出版社
· 北京 ·

© 民主与建设出版社，2014

图书在版编目(CIP)数据

对弈人生残局 / 求真选编. — 北京：民主与建设出版社，2014.9
　ISBN 978-7-5139-0428-5
　Ⅰ.①对… Ⅱ.①求… Ⅲ.①人生哲学-通俗读物
Ⅳ.①B821-49
　中国版本图书馆CIP数据核字(2014)第191546号

对弈人生残局
DUI YI REN SHENG CAN JU

出 版 人	许久文
编　　者	求　真
责任编辑	程　旭
策　　划	学海伟业
装帧设计	李俏丹
出版发行	民主与建设出版社有限责任公司
电　　话	（010）59417747　59419778
社　　址	北京市海淀区西三环中路10号望海楼E座7层
邮　　编	100142
印　　刷	北京建泰印刷有限公司
版　　次	2014年11月第1版
印　　次	2018年6月第2次印刷
开　　本	880mm×1230mm　1/32
印　　张	9
字　　数	180千字
书　　号	ISBN 978-7-5139-0428-5
定　　价	36.00元

注：如有印、装质量问题，请与出版社联系。

目录

改变从一个人开始

西点第一课	003
做好人生的选择	006
在痛苦中盛开	008
痛是一种提醒	011
人生的滋味	013
有破绽的成功	015
把愿望刻在心里	017
有得有失	019
聪明的代价	022
以平常心去证明	024
改变从一个人开始	027
想对你说声"谢谢"	029
在山脚下仰望	033
钱江听潮	036
长江三鱼启示录	039
为梦想而工作	041
做一个幸福的普通人	043
做最好的自己	046

对弈人生残局

快乐的车夫	…………………	051
鲸鱼的死亡	…………………	053
寻找快乐	…………………	055
幸福的标签	…………………	057
大师的谦逊	…………………	059
把耻辱珍藏起来	…………………	061
梦想要敢于翱翔	…………………	065
丑姑娘的勇气	…………………	067
人不能总是在原地停留	…………………	069
自信,强者的心境	…………………	071
演好一个角色	…………………	074
做好自己的事	…………………	076
对弈人生残局	…………………	079
人生没有绝望	…………………	081
别被自己打败	…………………	084
一颗自尊的灵魂	…………………	087
最后一名长跑者	…………………	089

追求完美才有完美

放弃后的另一片蓝天	……………	093
追求完美才有完美	……………	095
一张特殊的购物单	……………	097
一直在路上	……………	099
坎坷处的精彩	……………	102
幻想是追逐梦想的途径	……………	105
成就他们一生的一句话	……………	108
金子不只在河对岸	……………	111
保持钓蝴蝶的纯真	……………	113
走好人生的独木桥	……………	115
危难时的镇静	……………	117
飞越人生的巅峰	……………	119
老板的选择	……………	122
一斤米的选择	……………	124
别让思维偷懒	……………	125
唯一的那个人	……………	126
最潇洒的第一夫人	……………	131
站好自己的位置	……………	133

人生脚步不能停

太早得到的负担	…………………	137
爱情的平衡点	…………………	139
做一颗逐梦的螺丝钉	…………………	142
下沉的智慧	…………………	146
说话的选择	…………………	147
青春是什么	…………………	149
一滴水的力量	…………………	152
上帝的小丑	…………………	155
善待自己	…………………	158
最后的爱	…………………	160
周游世界	…………………	164
幸福总在痛苦后	…………………	167
生命中的期待	…………………	170
为冷漠付费	…………………	172
人生脚步不能停	…………………	174
生命的舞蹈	…………………	176
人要有所敬畏	…………………	178
塑造自己的人生	…………………	180
因为淡泊	…………………	183

比海水多的是泪水

比海水多的是泪水	…………………	187
就算没有过	…………………	190
蚕的心	…………………	192
到底是什么工作	…………………	195
穿越时空的微笑	…………………	198
一碗馄饨	…………………	200
用大爱行小善	…………………	207
来到地球的勇气	…………………	209
蜂鸟的眼泪	…………………	213
坠落的姿势	…………………	216
为爱而赴死	…………………	220
因爱躲过暴风雪	…………………	224
与"索马里"的战争	…………………	226

走正人生的道路

一个人一辈子一件事	....	237
交50个朋友	....	240
阿里的两个贵人	....	243
没有镜子也能看清自己	....	246
充满希望的光源	....	248
震撼心灵的子弹	....	251
死亡与新生	....	254
母亲的爱	....	257
最真挚的爱	....	262
特别的"服务生"	....	266
走正人生的道路	....	269
信任一个小偷	....	272
自卑让你更自信	....	276

改变
　　从一个人开始

西点
第一课

刚进军校不久,西点就给我上了一课,对我日后的领导生涯起到了至关重要的作用。军校的学生都是预备军官,因此学年之间等级非常分明,一年级的新生被称为"庶民",在学校里地位最低,平时基本上是学长们的杂役和跑腿儿。不过,我没有什么好抱怨的,一年级结束后我就可以做学长,再然后我会成为一名军官。

当然,"幽灵行动"也为我们"庶民"提供了一个向学长发泄不满的途径。所谓"幽灵行动"其实就是学生团体之间以幽灵为名义,搞恶作剧捉弄对方的活动。比如,在操练的时候把当指挥官的学长强行抬走。恶作剧一般发生在"陆军海军文化交流周",西点和海军军校之间即将进行的橄榄球赛,也让学员们热血沸腾。

就在比赛的前一天晚上,三年级的学长怀特中士邀请我跟他共同完成一个"幽灵行动"。能被高年级的学长接受,我觉得很荣幸,立刻答应下来。晚上11点半,我在宵禁之后溜出寝室,怀特和他的同伴正等在走廊里,行动的目标是一个来访的海军军校学员。我们要把他的宿舍搞得一团糟。我有些犹豫:"这样是不是太过分了？"怀特和其他学长都说："别担心，我们领头，出了事也跟你没关系。"

大家悄悄摸到"敌人"的宿舍楼，按事先安排好的位置站好。怀特中士用唇语数道："一……二……三！"说时迟，那时快，我和一个二年级的军官猛地推开房门，冲到床头，把两大桶大约5加仑的冰冷的橙汁浇到熟睡的海军学员身上，然后迅速跑出门外。同时另外两个人向房间里投掷了数枚炸弹（扎破的剃须水罐），顿时到处都是白色的泡沫。最后怀特把散发着臭气的牛奶泼进屋里。任务圆满完成了，众人麻利地跑下楼梯，在楼门口跟负责放哨的队员会合，然后分成几组撤离。

回到房间，我躺在床上努力让激动的心情平静下来。接下来还有一个轻松愉快的周末，我已经安排好了跟同伴去新泽西州玩。然而凌晨三点钟时，有人敲响了我的房门。原来被捉弄的军官向西点安全部投诉，我们的酸牛奶和剃须水毁掉了他书桌上昂贵的电子仪器，床边的旅行箱也未能幸免。

在训导员办公室里，怀特中士竭力为我开脱："是我命令他那么做的，我愿意承担一切责任。"但是训导员不这么认为，她罚我们在早饭前把海军军官的寝室变回原样，把弄脏的衣服洗干净。这还不算，训导员宣布接下来的几个周末，我们都不能休假，而要在校园里受罚。"这太不公平了，我只不过服从了学长的命令，他应该对我的行为负责。"教官看出来了我的不满，训练结束后，她问我："对这件事，你觉得自己没有责任么？"

"首先主意不是我出的，行为也不是我领导的，而且我开始也反对过，但作为'庶民'，我能管得了谁呀？"教官盯住我，一字一句地说："在西点，人人都是领导者，即便是个'庶民'，你也至少可以领导着一个人——你自己。因此，你必须为那天的行为负责。"直到今天，那位教官的话仍然在我的耳边回荡。那是西点给我上的第一课：要想做一个成功的领导者，你必须先学会领导你自己。

做好人生的选择

在一场讲授如何做好人生规划的专业课上,老师问学生:"假设你一个人外出旅游,来到了一个峡谷,发现几米深的地方有一个拉链开着的提包,里面装着一沓钞票。同时,悬崖边有一些长得不是很牢固的树可以帮你拿到这笔意外的财富,当然,你更有可能因此而摔断脖子,请问:你会选择离开还是靠近?"

一半以上的学生选择了离开,毕竟,再多的财富也比不上可贵的生命。

老师没有发表意见,继续问:"如果那个装钱的提包换成一个失足落下的小男孩,他此时奄奄一息地发出求救的呼唤——你又会怎么选择呢?"

学生们考虑了几秒钟后,全部选择了靠近。老师问:"面对相同的环境,相同的危机,相同的后果,你们却做出了不同的选择,这是为什么呢?"

"因为目标不同,生命比财富重要。"一个学生说。

"只是因为个人所设定的目标不同,所以你们的价值观也就不同了。现在,我们换个内容。"老师接着说,"如果你有一个心仪的女友,你希望能和她厮守终身,但对方却不这样认为,也许她不是真的喜欢你。这时候，如果你一意孤行地付出自己的情感，那么结局会有两个：要么她被你感动，被动地和你在一起，但这段感情可能随时都会出现问题；要么她仍旧冷漠地离开了你，任你对她再好也没有用——这时，你是选择毅然离开，还是坚持靠近？"

学生陷入了两难的思考。

老师看到大家都不吭声，于是话题一转："假如你是那个被人苦苦追求的女孩，在你根本没有打算接纳对方的前提下，你会选择离开，叫对方彻底死心，还是选择靠近，听任感情自由发展？"

学生们纷纷表示："既然不爱人家，就该及早离开，免得耽误了对方的青春和幸福！"

老师微笑着说："既然你们能够明白，在不喜欢一个人的时候，一定要给对方一个明确的答复，不要耽误、伤害别人，那么换位思考，当你是一个追求者时，又何必甘愿自己深陷泥沼之中，糟蹋自己的青春与幸福呢？"

学生们提出了这样的疑问："请问老师，我们今天讨论的课题与人生规划之间有什么直接的关系吗？"

老师说："在人生的课题中，有很多人在面对问题的时候，本该离开却选择了靠近，本该靠近的却又选择了离开，所以他们的人生路途，走得跌跌撞撞，痛苦不堪。如果你们连分辨离开与靠近的智慧都没有，分不清什么是'势在必行'，什么又是'势所不行'，那么所有的人生规划都将沦为空谈，再怎么学也是枉然啊！"

在痛苦中盛开

多年以前,曾经被一张一个外国小孩坐在已成废墟的家园上读书的照片深深打动。今天,一个更令人震撼的镜头发生在自己身边的土地上:一个被压在废墟下的小女孩打着手电还在读书。四川銮华镇中学初一一班一个名叫邓清清的女孩,虽然家庭贫困但勤奋好学,常在回家路上打着手电筒看书。当邓清清被武警官兵救出来时,人们发现这个坚强的女孩还在废墟里面打着手电筒看书。她说:"下面一片漆黑,我怕。我又冷又饿,只能靠看书缓解心中的害怕!"在突如其来的灾难降临的时候,在人的生命悬于一线的时候,恐惧和惊骇是人的本能反应,而邓清清却能够在这样一种生死未卜的人生困境中静下心来读书,面对这样的镜头,谁的心灵能不被深深震撼?谁能不为书本的力量所惊叹?是的,这就是书本的力量,这就是文学的力量。面对灾难,鲁迅先生如是说,要敢于正视淋漓的鲜血,敢于直面惨淡的人生。

有一次,一个记者问作家史铁生:"你对自己的病持什么态度?"已经在轮椅上度过了二十多年、每隔几天都要去医院做透析的史铁生回答了两个字:"敬重。"面对困惑不解的记者,史铁生解释说:"这绝不是说我多喜欢它,但是你说什么呢?讨厌它吗？恨它吗？求求它快滚蛋？一点用也没有，除了自讨没趣，就是自寻烦恼。但你要是敬重它，把它看作一个强大的对手，是命运对你的锤炼，就像是个九段高手点名要跟你下一盘棋，这虽然有点无可奈何的味道，但你却能从中获益，你很可能就从中增添了智慧，比如说逼着你把生命中的意义都看得明白。一边是自寻烦恼，一边是增添智慧，选择什么不是明摆着吗？"史铁生是一个智者，也是生活中的强者，接连降临的灾难不仅没有打垮他，反而逼迫他看清了生命的本质："其实每时每刻我们都是幸运的，因为任何灾难的前面都可能再加一个'更'字。"史铁生对待苦难的态度，使他所经历的苦难成为一种财富，又增长了他的智慧。生活的苦难成就了史铁生，他又以《我与地坛》《病隙碎笔》等文坛佳作来回报生活的苦难。

是啊，只有像史铁生那样对面临的灾难说"是"之后，你才可能承受住这灾难；如果只是一味地逃避，不去直面灾难，反而最有可能被灾难摧毁，更不用说有所作为了。哲学家周国平的女儿妞妞，出生不久便被诊断患有绝症，注定夭折。周国平是一个哲学家，更是一个父亲，一个爱他的孩子胜过一切哲学的父亲。在灾难面前，周国平选择了勇敢的面对，他用含泪的微笑记录下女儿成长过程中的点点滴滴。妞妞只活到一岁半。妞妞活着时喜欢玩书，抓到随便一本书便会快乐地喊叫："妞妞的书！"这声音一直在周国平头脑里盘旋，叮嘱他写出了一本真正属于女儿的书《妞妞——一个父亲的札记》。在这个世界上，每天都在发生着灾难。可是，通常的情况是，当灾难没有落到我们自己头上时，作为旁观者，我们往往不敢设想这灾难落在自己头上怎么办。然而，事实上，一旦这种情形发生你就必须承受，往往也就能够承受。正如周国平说的那样："凡是人间的灾难，无论落到谁头上，谁都得受着，而且都受得了。"为什么呢？因为最低限度，生命本能会迫使你正视和迎战灾难，不让自己被灾难打败，就像海明威在《老人与海》中塑造的那个"可以被打倒但是绝不可以被打败"的老人一样。

痛是一种提醒

我们班新转来的同学有特异功能，那就是不怕疼，不怕烫，哪怕你用刀在他手上划上一道小口，他也无半点痛感，即使让他把手伸到沸水里，他也不会觉得烫，许多同学因此对他很感兴趣。有些爱搞恶作剧的同学想用装着开水的杯子试试他的特异功能，甚至拿着小刀说要看看他的特异功能到底是真是假。每当此时，他就会尽量摆脱同学的纠缠，如果摆脱不了，他便会如狮子般突然爆发，向同学大打出手。因此，这个奇怪的新同学在班里很不合群，同学们都不愿或不敢和他相处。

一天，我向爸爸提起这个新来的怪同学，并把他的神奇之处和爸爸讲了。爸爸听后说道："这个同学其实没有什么特异功能，而是得了一种叫脊髓空洞症的病，我曾遇见过这样的病人。""那得这种病也太幸福了吧！"我不禁感叹道。"你错了，其实得这种病很痛苦，也很危险。因为这种病人经常会在没有知觉的情况下受到伤害，他们没有了疼痛感，反而更加容易受伤。人们都以为痛是一个坏东西，其实痛也是一种提醒，提醒我们摆脱伤害。"我听后突然觉得这个同学很可怜。

从那以后，我多次主动接近他，终于我们成了好朋友。一个周末，他向我道出了他的故事。他父亲早在他出生前便死于工厂事故，他是由母亲一手带大的。由于他的病，母亲受了不少苦。为了挣钱供他读书，母亲起早贪黑，还要时时担心他的安全。每天早晨，母亲总要不断叮嘱他做什么事都要小心，别碰尖物；晚上回家，母亲总要仔仔细细地为他检查，看他有没有受伤。即使这样，他还是经常小伤不断，惹得母亲又恼又心痛。他知道母亲为他劳累受苦，一直想帮忙做点家务。有一次，他悄悄去拎烧开的水，他并不知壶把是很烫的，母亲看到后立刻跑过去喊着让他快放下水壶，母亲的喊声反倒把他吓得手一松，装满开水的壶向他脚上砸去，母亲眼疾手快，一把接过，但壶里的开水却无情地溅在了母亲的右臂上，很快，母亲的手臂上起了红红的水泡……从那以后，每年的冬天，母亲的胳膊上都会生出严重的冻疮，而这件事也成了他心中最深的痛。

他对我说："我并不是一个没有痛觉的人，我的心是有痛觉的，每当我看到母亲因我受累，我的心便如针刺般痛苦，这痛苦时时刻刻提醒着我一辈子孝顺母亲，不让她伤心。"

他让我明白了：没有在乎，又哪来的痛？没有爱，又哪来的痛？痛其实是一种提醒，外界的痛提醒你躲避伤害，内心的痛提醒你珍惜眼前的人。

人生的滋味

有一个很失意的人,爬上了一棵樱桃树,准备从树上跳下来,结束自己的生命。就在他决定往下跳的时候,学校放学了。

成群的小朋友跑了过来,看到他站在树上。一个小朋友问:"你在树上做什么?"总不能告诉小孩要自杀吧!于是,他说:"我在看风景。""那你有没有看到身旁有许多樱桃?"另一个小朋友问道。他低头一看,发现原来自己一心一意想要自杀,根本没有注意到树上真的结满了大大小小的红色樱桃。"你可不可以帮我们采樱桃啊?"小朋友们说,"你只要用力摇晃树干,樱桃就会掉下来。拜托啦!我们爬不了那么高。"

失意的人有点儿意兴阑珊,但是又拗不过小朋友们,只好答应帮忙。他开始在树上又跳又摇。很快,樱桃纷纷从树上掉下来。地面上也聚集了越来越多的小朋友,大家都兴奋而又快乐地拣拾着樱桃。一阵嬉闹之后,樱桃差不多掉光了,小朋友们也渐渐散去了。那个失意的人坐在树上,看着小朋友们欢乐的背影,不知道为什么,自杀的心情和念头都没有了。他在周围采了一些还没掉下去的樱桃,无可奈何地跳下了樱桃树,拿着樱桃慢慢走回了家。

在他回到家时,看到的仍然是那破旧的房子,与昨天一样的老婆和孩子。但是,孩子们高兴地看到爸爸带着樱桃回来了。当一家人聚在一起吃着晚餐,他看着孩子们快乐地吃着樱桃时,忽然有了一种新的体会和感动,他心里想着:或许这样的生活还可以让人活下去吧。

失意的人放弃了自杀的念头。

一种新的所得往往来自不经意之中。失望的尽头总会有新的希望产生。

人生的天空永远不会是晴空万里,人不能左右天气,但能左右自己的心情。

生活如天气,今天晴空万里,明天也许会阴天下雨。

有破绽的成功

有一家电台,在激烈的媒体大战中一直是不死不活的,台长用了很多办法还是无济于事,广告收入每况愈下,员工工资都发不出来了。

一天,台长一边听着自己广播的节目,一边思考着对策。这时,新闻节目开始了,这是台长精心策划的一个栏目,为了表现电台迅速反应的特长,他要求记者采访的新闻要现场直播,而不是事先录制后再播放。可听着听着,忽然一个不和谐的声音传了出来,竟然是记者和主持人用方言说闲话的声音!原来主持人在联系外派记者的时候,竟然忘了关掉直播的按钮,他们说的几句闲话就通过电波传了出来。

台长气得大骂,为了电台的生存和发展,他倾注了大量的心血,没想到他们工作还是掉以轻心!这样的失误太严重了,他决定开除那两个人。他忍气吞声地等到节目结束,正要给办公室打电话,忽然电话铃响了。

他抓起话筒,电话是一个听众打来的。那听众激动地说,他原来一直都以为节目是事先录制好的,没想到他们电台的新闻都是现场报道,这样太好了。台长忙说:"我们一直都是现场直播，您没有发觉吗？"

那听众说："我是刚才才发觉的，是听到主持人和记者的闲话之后，我才知道的。"

后来，台长又接到很多听众反馈来的信息，都是称赞电台的直播好的，却没有一个人埋怨主持人和记者的失误。台长很纳闷，因为他搞直播已经搞了两年多了，一直没有一点反应，没想到一个小小的失误才使人们认识到了他的苦心。

经过几天的思索和与听众的交流，台长决定有意地制造一些失误，不但表现了他们的工作，而且还让主持人和记者都以普通人的面目呈现在听众的面前，拉近跟听众的距离。没想到这样一来，听众迅速增多，商家又开始投放广告了，收入也开始蒸蒸日上。

在正常的思维中，我们总是更愿意尽最多的努力，把什么事都做得完美无瑕。这固然很重要，但在有些时候，过度的完美会成为一道隔绝的屏障，丢失与人沟通的机会。就像武侠小说中说的那样，没有破绽的武功恰恰是最大的破绽。

把愿望
刻在心里

第二次世界大战期间,在萨勒诺海湾的海滩上,美国第36步兵师曾与守卫海湾的德军进行激战。

夜有些深了,远处的山脉已完全笼罩在黑暗中。两个美国士兵被派遣去刺探敌方军情。他们借着昏暗的月光前进着,就在快要进入敌方营地时,被发现了,受到了重重阻击。他们九死一生地回到驻地报告,却被将军狠狠地训斥了一顿。

他们十分懊恼,拖着疲惫的身子来到野外的草地上,仰望着星空。突然,一道金光划破了夜空。

"啊,是流星!"其中一个士兵高兴地叫道。他连忙双手合十,开始对流星许愿:"上帝,我的主啊,请让我成为一名将军吧,我不想再受这种欺负了。"另一个士兵则不慌不忙地掏出一把匕首,在刀柄上刻下八个字:我要成为一名将军。

10多年后再一次与流星相遇时,第一个士兵依然虔诚地许下自己当初的愿望:"上帝,让我成为一名将军吧。"而第二个士兵则从容地掏出那把匕首在刀柄上刻下:我要成为最高指挥官。此时的他已是美国第36步兵师的上校。他就是立过无数功勋的弗雷德·威克上校。

忽然想起一位哲人的话：伟大的头脑中有的是目的，而一般的头脑中有的只是愿望。与其对流星许愿，不如把愿望当成目的，刻在心间，自己去开拓人生的道路，摘取生命的硕果。那样，我们才能最终到达人生的目的地。

有得有失

年迈的母亲，不识一字，经常让我陪她去超市买一些日常的东西，她依靠我知道各种商品的价钱，然后再盘算该怎么买。偶尔遇到一些人，赞美我的一份孝心，但我只是认为：为人子女，尽一份孝心，理当如此。

然而，母亲往往会不自觉地叹息说："不识字，差很多。"我依稀回忆起，母亲的这种想法，曾经让我的年轻岁月，内心感到苦闷与彷徨。

年幼的时候，家中姐弟众多，全靠目不识丁的父母种田来维持，父亲忙碌一天收工回家后，最多摸一下五弟的头，很少再有什么言语。姐弟五个的管教全赖母亲一人，除了读书以外，我们每天都要帮助父母铲猪草，积农肥，农忙时更是忙得天昏地暗。

当时正值我们长身体的时候，家中本来就分得不多的口粮根本不够我们小牛犊似的饭量，饱一顿、饿一顿已习以为常。那天下午，学校放农忙假，孩子们都到田头帮助收割。晚上，等到父母回家时已是八九点钟光景，发现家中只有四妹小兰在家看门，其他一个人都没有回来。过了一会儿，我们四个人抬着满满的两篮子麦穗进屋，她才知道我们跑到邻村田里去拾麦子了，孩子们放下篮子满脸高兴地等待母亲表扬，心想明天可以让妈妈给我们煮顿饭吃个饱肚子，没想到，母亲沉着脸问："你们谁想起来去拾麦子的？"五弟不明个中原因，兴奋地说："是我！""你们的作业做好了没有？"母亲问道，这时大家都不出声。"小兰，给我把鸡毛掸子拿过来。"不一会儿，鸡毛掸子便雨点般地落在五弟的手心上："我让你下次还不做作业。"从来没有看到母亲发过如此大的火，更没想到母亲会对她最疼的五弟下狠手，我忙说："妈，别打五弟了，是我想起来去的。""那好，连你一起打。"母亲发疯了似的说道。当时，我不知道母亲为什么会心这样狠，只看见第二天早晨她的眼睛红红的。

从那以后，我们再也没有因为忙农活而耽误做作业，姐弟五个的成绩一直都很好，相继考上了重点大学，方圆十里的乡亲都常谈论我们。

等到三十而立之后，我才体会出母亲的哲学，第一次学会对她说："老天让您失去识字的机会，无形之中却提醒您更用心教育我们五个孩子。"过去困苦的环境，封闭了母亲的一扇门，上天却为她开启了另一扇门窗。

母亲的人生之路，简直就是不断地付出她自己。她看似一位失去很多的人，却也是最懂得去自我弥补的人。我想起了俄国作家帕斯捷纳克说过的一句话："在人生中，失去比获得更为必要。种子消失之后，才能够发芽。"只有从来没有的东西，才永远不会失去；一旦有了得，必定会有失，人的一生仿佛就是得失的轮回。在这个得失世界，即使用心认真，百得也会有一失；但是认真用心，百失之后也会有一得。

不惑之年，我才迟钝地从母亲身上体会出一种哲理：人生的成长，不在于有无得失，而在于学习如何有得有失。

聪明的人从不担心失去了什么，而会思考应该得到什么；愚笨的人，则只惶惶于失去一丁点儿东西，而不曾思考真正要的是什么。十六世纪法国大思想家蒙田有一句慧黠的话："什么都来一点儿的人，什么都得不到。"

失落身外之物，而不致失去自我的人，肯定会获得更多的机会；然而不曾失落任何东西的人，却会因为找不到自我，而终至失去一切。一时失败并不可怕，失去自我才值得担忧。有时候，不曾有过挣扎的考验，付出的代价更大。俗话说："得之我幸，不得我命。"

人类生而获得，却无处不失落。唯有得所该得，失所该失；因得而失，由失而得，才能真正掌握取舍之钥。

下一次，陪母亲去逛街买东西时，我应该提醒自己：这不只是一份人间孝道，更要从母亲嫁入赵家五十多年的苦涩岁月中，找一找我自己的人生哲学。

聪明的代价

一位天使找到伊莎贝尔，对她说："每个人都应该得到一份适量的聪明和一份适量的愚蠢，可是匆忙中上帝遗漏了你的愚蠢，现在我给你送来了这份礼物。""愚蠢礼物？"伊莎贝尔很不理解，慑于上帝的威严，她接过愚蠢，无可奈何地植入脑中。

第二天，她平生第一次讲话出了破绽，第一次绞尽脑汁解题，她花了一个早晨记住的一组单词三五天后也忘了将近一半。她痛恨这份"礼物"。深夜，她偷偷地取出了植脑不深的愚蠢，扔掉了。事隔数天，天使来核查自己做的那份工作，发现他给伊莎贝尔的那份愚蠢已被扔进了垃圾箱。他第二次飞入伊莎贝尔的房间，义正词严地对她说，这是每一个人都必须有的"配置"，只是或多或少罢了，每个完整的人都应该这样。不得已，伊莎贝尔重新把那份愚蠢捡了回来。可她太不愿意自己变成一个不很聪明的人了，于是她把愚蠢嵌进头发，居然骗过了天使的眼睛。以后，伊莎贝尔没有遇上过一道难题，她一直保持着优异的成绩。

当然，她也没有了苦役获释的愉快和改正差错后的轻松。更奇怪的是，也没有一个同伴愿意与她一起组队去出席专题辩论会，因为她的精彩使同伴全成了"木鸡"；也没有哪个人愿意和她做买卖,因为得利赚钱的总是她;虽然她也年轻漂亮,但男人们都害怕在她的光环里对比成傻瓜;连和她下棋打牌也十分没劲儿,来者总是输得伤心。偶尔有一两次她卖个关子下个软招,也很容易看出是她在暗中放人一马,比她胜了还伤害人的自尊。

她越来越孤独、空乏,真的也希望有份愚蠢了。但聪明成性的脑袋再也植不进愚蠢了。她希望能再见一次天使,可天使也"黄鹤一去不复返"了。因为只有聪明,伊莎贝尔在痛苦中熬过了单调的一生。

以平常心去证明

格雷·贝克是美国《探路者》杂志的一名记者。前不久,他去意大利采访了三个特殊的人物。这三个人在疯人院里被关了28天,但是,他们全是精神正常的上班族。

事情的经过是这样的:一名负责运送精神病人的黑人司机因为疏忽,中途让三名精神病患者逃掉了。为了不至于因此而失去工作,他把车开到一个巴士站,许诺可以让人免费搭乘他的车去某地。最后,这名司机把乘客中的三个人作为精神病患者送进了指定的医院。为了避免院方产生怀疑,在交接的时候,他还这样告诉医生:这批病人比任何一批都难以押送,不仅容易激动,而且还胡言乱语。所以,这三个"替罪羊"一走出车门,就被强行架到床上,并绑了起来。当这三个人意识到自己被带进了精神病院时,一切都已经晚了。他们身上所有的物品及腰带,都被医护人员不容分说地取走了!

格雷·贝克关心的不是这个故事,他想了解的是,这三个人是通过什么方式证明自己不是精神病患者,从而成功走出精神病院的。

下面是他采访的片断(为了尊重当事人的隐私,格雷·贝克

把受访者的真名全部隐去,以甲乙丙代替):

格:当你被关进精神病院时,你都想了些什么?

甲:我想尽快逃出去。

格:为了逃出去,你想了些什么办法?

甲:我想,要想走出去,首先得证明自己没有精神病。

格:你是怎样证明的?

甲:我说,"地球是圆的",这句话是真理。我想,讲真理的人总不会被当成是精神病吧!

格:最后你成功了吗?

甲:没有。当我第14次说这句话的时候,护理人员就在我屁股上注射了一针。他说,地球确实是圆的,但是用得着你去说14遍吗?最后,我没有办法,只得老老实实地在里面呆着,等待时机逃出去。

下面是对乙的采访。

格:你是怎么走出精神病院的?

乙:我和甲是被丙救出来的。他成功地走出精神病院,接着报了警。

格:当时,你没想办法逃出来吗?

乙:想了,但是没有成功。

格:你想了些什么办法?

乙:为了证明自己不是精神病人,我告诉他们我是社会学家。我说我知道美国总统是克林顿,英国首相是布莱尔,德国总理是施罗德,法国总统是希拉克。我还告诉他们,我知道南太平洋各岛国领袖的名字。马绍尔群岛的总统是诺特,巴布亚新几内亚总理是索马雷。可是当我说到图瓦卢总理是马堤亚时,他们就在我的屁股上打了一针镇静剂。我就再也不敢讲下去了!

格:你们应该感谢丙。他把你们救了出去。

乙:是的,我非常感谢!

格:他是怎样把你们救出去的?

乙:他进来之后,什么话也不说。该吃饭的时候吃饭,该睡觉的时候睡觉,到读书时间,他就去读书。当医护人员给他刮脸的时候,他会说声谢谢。第28天的时候,他们就让他出院了。

格雷·贝克在评论里发表这样的感慨:一个正常人想证明自己的正常,是非常困难的。也许只有不试图去证明的人,才称得上是一个正常人。后来,有许多人在该文的网络版上留言。有一个人的留言令人感触颇深,他是这样说的:那些用某种方式去证明自己真理在握的人,那些用某种方式证明自己知识丰富的人,包括那些用某种方式证明自己很有钱的人,都可能被认为是个疯子。只是他们自己不知道罢了!

改变从一个人开始

罗伯特·西奥迪尼是美国著名的心理学家,是亚利桑那州立大学的心理学教授。有一天,他在纽约结束了一天的工作之后,乘地铁去时代广场。当时正值下班乘车的高峰期,人流像往常一样沿着台阶蜂拥而下直奔站台。

突然,罗伯特·西奥迪尼看到一个衣衫褴褛的男子躺在台阶中间,闭着眼睛,一动不动。

赶地铁的人们都像没看到这个男子一样,匆匆从他身边走过,个别的甚至是从他身上跨过,急着乘坐地铁回家。

看到这一情景,罗伯特·西奥迪尼感到非常震惊。于是,他停了下来,想看看到底发生了什么。就在他停下来的时候,耐人寻味的转变出现了:一些人也陆续跟着停了下来。

很快,这个男子身边聚集了一小圈关心的人,人们的同情心一下子蔓延开来。有个男人去给他买了食物,有位女士匆匆给他买来了水,还有一个人通知了地铁巡逻员,这个巡逻员又打电话叫来了救护车。几分钟后,这个男子苏醒了,一边吃着食物,一边等待着救护车的到来。

人们渐渐了解到,这个衣衫褴褛的男子只会说西班牙语,且身无分文,已经饿着肚子在曼哈顿的大街上流浪了好几天。他是因为饥饿而昏倒在地铁站的台阶上的。

为什么起初人们会对这个衣衫褴褛的男子熟视无睹、漠不关心呢?

罗伯特·西奥迪尼认为,其中的一个重要原因是:在熙熙攘攘、匆匆忙忙的人流中,人们往往会陷入完全自我状态,在忽视无关信息的同时,也忽视了周围需要帮助的人。这就像一位诗人说的那样,我们"走在嘈杂的大街上,眼睛却看不见,耳朵却听不见"。在社会学中,这种现象被称为"都市恍惚症"。

为什么后来人们对这个衣衫褴褛的男子的态度会有了较大的改变呢?

罗伯特·西奥迪尼认为,其中一个最重要的原因是:因为有一个人的关注,致使情况发生了变化。当时,自己停下来,仅仅是要看一下那个处于困境的男子而已。路人却因此从"都市恍惚症"中清醒过来,从而也注意到了这个男子需要帮助。在注意到他的困境后,大家开始用实际行动来帮助他。

一个人改变了,身边的一些人就可能会跟着改变;身边的一些人改变了,很多人才可能会跟着改变;很多人改变了,世界就可能会改变……

想对你说声"谢谢"

那是上个世纪七十年代的事了。年轻的父亲，抱着我的姐姐，在上海街头踯躅。姐姐那时五岁，活泼好动。在家因无人照应，爬到一锅沸水里，等母亲发现时，她的双腿已被沸水严重烫伤。剥衣服时，顺带剥下一层皮来。乡下的医院简陋，这样的烫伤，根本无法医治。都说上海的大医院，什么设备都先进，父亲于是变卖掉家里所有值钱的东西，带了姐姐，从苏北赶到上海。

冬天的上海，虽还是满目的流光溢彩，但寒冷却是真切的。风，一阵阵袭向衣衫单薄的父亲。裹在大衣里的姐姐，因疼痛，一路啼哭不止。父亲一遍一遍哄她："乖，不哭，等找到医院后，爸爸给你买肉包子吃。"姐姐那时吃过的最好的东西，莫过于肉包子了。那还是母亲带姐姐走城里亲戚，亲戚家用肉包子招待母亲，姐姐至此留下深刻的印象。父亲一说肉包子，她的眼睛立即亮了，哭声也小了下去。

为了省钱，父亲舍不得坐车。他抱着姐姐，从轮船码头，一路走去医院。等看到"上海市第一人民医院"那醒目的大牌子时，父亲长长松了一口气。医院旁边刚好有卖肉包子的，父亲想起对姐姐的承诺，高兴地对姐姐说："乖，现在爸爸就给你买肉包子吃。"姐姐挂着泪花的脸上，绽开了笑。然等父亲掏钱时，才发现，口袋空空，竟连一分的硬币也没有了。那贴着肌肤揣着的一百多块钱，不知何时，已不翼而飞。父亲只觉得头"嗡"了一下，眼前顿时一片空白。

是姐姐的哭声，唤醒发呆的父亲的。他抱着哭泣的姐姐，喃喃问："怎么办怎么办呢？"在那吃饭还成问题的年代，一百多块钱，对于乡下人来说，无疑是一笔巨款。且无钱，姐姐就住不了医院。父亲张眼四周，满目陌生。他的心，冻成寒夜里的冰砣砣。

暮色，渐渐合拢。街头，璀璨的灯火亮起来。父亲抱着姐姐，茫然地走在大街上，万家灯火后，是暖暖的相守。而他，不知能往哪儿去。又饥又疼的姐姐，哭得嗓子都哑了，只剩下干泣。

被情势所逼的父亲，实在无奈了，抱着姐姐向过路人求救。他站在路边，望了一通南来北往的人，决定先找老年妇人求救。在他的感觉里，老妇人大抵都是面善心也善的，或许可以帮一帮他。他拉住一位路过的老妇人，才嗫嚅着想开口，那老妇人警惕地一甩手，惊叫："你要干什么？乡巴佬！"

父亲又先后向不少人求救，大家要么冷漠地摇摇头，要么爱莫能助地叹口气。失望之极的父亲，抱着姐姐，走进一个小胡同。胡同口，一家面店里，热气蒸腾。里面坐着三三两两的吃客，看样子，都是外地人。父亲站门口望一会，抵不过那份温暖，抱着姐姐进去了。他只想坐里面暖和一会。

父亲在一个跟他年纪相仿的男人对面坐下来，那个男人，正专注地喝着一碗面汤，面前摊着两个自带的馍。很显然，那人也来自乡下，且是很偏僻的乡下。父亲从他喝汤的姿势，以及衣着上就可以判断出。他喝汤时，是埋着头呼呼呼地喝的，身上的衣着，打着补丁不说，因洗过多次，几乎分不清原有的颜色了。父亲坐下时，男人抬头看父亲一眼，复又低头喝面汤。这时，父亲怀里的姐姐，突然用微弱的声音叫："爸爸，我饿。"父亲抱着姐姐晃，一边哄："乖，忍一忍，爸马上给你买吃的啊。"姐姐说："我要吃肉包子。"父亲答："好。"泪，再忍不住，从他脸上滑下来。

这一切，都被对面喝面汤的男人看在眼里，在一碗面汤喝完后，他问父亲："你孩子怎么了？"父亲叹口气，把发生的事，从头说了一遍。在当时的父亲，并不指望着那个男人会帮他，他只是想倾诉。

男人听完父亲的故事，走过来，看了看父亲怀里的姐姐，转身去给父亲下了一碗面。父亲不肯置信地看着他，他只是面无表情地说："吃吧，孩子怪可怜的，别饿坏了。"说完这话，他就走了。

一碗面，足以让父亲充满感激。父亲喂饱姐姐，自己也喝了一点面汤。他脑子里还在想着那个好人时，却看到那个男人回转来，带了两个热包子。男人径直走到他跟前，把热包子给了姐姐，而后掏出一些零碎的票子，放到桌上。男人对父亲说："这些钱，你暂时应应急吧，孩子的病耽搁不得。"

当时一激动,父亲竟忘了记下对方的姓名地址,只知道他姓刘,从安徽来的,也是带孩子来看病的。父亲问过他:"那你孩子怎么办?"他说:"我孩子的病,是慢性的,可以拖一拖的。"

那堆零碎的票子,一共五十二元。父亲凭着这些钱,给姐姐办了住院手续。等他把姐姐安置下来,才想起,得找恩人要一要姓名地址,日后好把钱还给人家。他找遍医院的角角落落,也没找到那个男人。

姐姐因住院及时,创伤部分得到很好的医治,没有落下残疾。父亲带着康复的姐姐,从上海返回前,又在医院里找了一通恩人,还是没找到。父亲后来想了一个办法,在一张白纸上写下一通表白,贴在医院门口。大意是好心的安徽刘大哥,我的女儿在你的帮助下,已康复了。由于我忘了问你的姓名地址,没办法回报你的恩情。请你看到我的留言后,写信与我联系。我会把借你的钱还你。底下是父亲的通讯地址。

头些年,父亲还存了奢望的,一有空就往村部跑,看看有没有来自安徽的信。后来,也就渐渐失了望。他常常凝望着远方,喃喃自语,不知那个好人现在怎样了?

而在母亲装银坠的一个小木盒里,有父亲当年放进去的五十二元钱,这么多年过去了,父亲一直没有动它。他今生最大的愿望,就是能再次遇到那个男人,当面交还五十二元钱,然后深情地对恩人说一声:"谢谢。"

在山脚下仰望

一个女孩,从小有一个梦想:成为一位歌手,能够站在舞台上为无数人演唱。为此,这些年,她一直在为自己的愿望而努力。

在业余时间,她喜欢跳舞,喜欢唱歌,并且不失时机地在众人面前绽放自己的才华。所有人都说,这孩子聪明,有唱歌的天赋,将来准能成为一位歌唱家。

在众人的赞不绝口中,她参加了一次全国性的大赛。一路上,她过关斩将,杀进了十强,但在十强赛的角逐中,她却不幸败北。她失败的原因也很可惜,只是在回答问题时失了口,但没有办法,竞争就是如此残酷,她兵败如山倒。

女孩是流着泪告别舞台的,她一病不起,并且发誓永不再唱歌。就在她沉湎于失败的痛苦中时,她的母亲语重心长地给她讲了个故事。

从前,有个年轻人,他一生的梦想就是要攀上家门口的那座高山。上山无路,他就历尽千难万险自己开路。但连续两次,他都以失败而告终。在最后一次战斗中,他想尽了自己所会遇到的所有困难,并且针对想到的困难分别采取对策。这次,他以为可以万无一失了,但后来,就在他要登上巅峰时,山上却突然起了风,他不小心掉下了悬崖。幸运的是,他落在悬崖的缝隙里,得以保全性命,但不幸的是,他的腿却摔成了骨折。可以这样说,他会一辈子告别理想。

就在他几度沉沦时,一位高僧从此地路过,问他:你想要上山的目的是什么?他回答:我要享受胜利的感受,实现自己的人生价值。

高僧哈哈大笑:你现在已经有了胜利的喜悦,你看你走过的路。

他仔细看时,却发现,他开垦的小路成了山里人上山的道路,他们走过这条路,上山打柴,或者去打猎。

高僧继续说道,实现人生的价值有许多种方式,你又何必只钟情于高山呢?你看看脚下的路,还有那些石头。记住,年轻人,既然上不了山,那就站在山脚下吧。

年轻人恍然大悟,接下来,他从失败的阴影中苏醒,引资办了一个采石场。没有几年,他便成了当地有名的采石专家。

女孩听完故事,也顿悟了。病好后,她努力完成高中课程,并且考了一所音乐学院。毕业后,她去了当地的一所中学当了音乐教师。现在,她活得很充实。

人不能改变环境,但却有适应环境的能力和意志。无论是上山也好,站在山脚下也罢,我们的目的只有一个——实现自己的人生理想和价值。但实现这种理想的方式是有很多种的,如果所有的人都想上山的话,岂不是山中也少了许多清秀和宁静。

有时候,我们缺少的正是那种经历无数次失败却无法上山的力量和激情,而这些信念足以支配自己在另一片平凡的天地里做出辉煌的业绩。

　　如果上不了山,那就站在山脚下吧,抬起头来,我们就能够看见高山;如果做不了月亮,那就做一颗平凡的星星吧,我们照样能够照亮浩瀚的夜空。

钱江听潮

离钱江大潮涌来的时刻还有一个小时。观潮台上，已经密密麻麻地坐满了人。江风带来一股咸涩又腥臊的味道，但感觉是微微的。

太阳不是很大，这样观潮恰好。

我注意到了一个人，他坐在水泥台阶上，一动不动，忽儿低头冥思，忽儿面带微笑。我觉得他有些异样，走近后发现他是一个盲人，眼睛细细的，陷在了肉里，没有一丝光亮。

再看看他的身边，左边是一对情侣，右边是一对年轻夫妻。显然，他是一个人来的。

我朝着他看。

盲人突然说："你也看潮吗？"我吃了一惊，难道盲人能够看到我？盲人说："你挡住我的阳光了。"

我看到，自己的阴影刚好落在盲人的身上。他竟然可以感受一片那么微小的阳光从身上游移或失去。

这样，我就算和盲人认识了。

盲人是萧山人，家离观潮点有二十多里路，每年秋季观潮日，他都会徒步前来，每次都会选择坐在这个位置。

我对一个盲人也来观潮有些惶惑，我小心地问："你能看到潮水吗？"

盲人说："看不到，但是，可以听啊。譬如现在，江风在轻轻地吹，江浪在敲打堤岸，还有江鸥，应该有很多，它们在追逐。"

我惊异于盲人的描述。现场的一切，果然如此。

"还有很多人，可能有几百，或者上千，有杭州本地的，还有外地的……"

我笑问："你怎么知道有上千人的？"盲人深吸了一口气，轻声说："我闻到了他们身上散发出来的汗味。"

我也深吸了一口气，但，我的鼻腔里，没有别的，只有那江风带来的淡淡江水的腥臊味。

离大潮到来的时间越来越近，看台上的不少人开始站起来观望，但江面仍然平静，只有浪儿在轻轻地摇。

我感觉太阳下面波光粼粼的江面，像是在酝酿着什么。

突然，盲人站了起来，大叫道："噢，潮水来了！"

江面仍然平静，丝毫未见异样。盲人身边的人奇怪地看着他。我对盲人说："涌潮预报时间是14：25，现在还早着呢。"盲人说："不对，来了，我听到了。"

看台上几个拿着望远镜的看客突然发出欢呼声，继而，欢呼声汇集成一股，回荡开来。潮水果然来了，在几公里外的江面，一条白线，慢慢逼近。

也许你不会相信，第一个"看"到潮水的，竟然是一个盲人。

可是，为什么是一个盲人首先"看"到了潮水？是的，我们无法探知一片阳光从你身上的慢慢游移，但盲人，却能身感体受。

长江三鱼
启示录

我从小在长江长大，对长江的感情有如滔滔江水，绵绵不绝。住在长江三角洲的人，对于长江里所产的三种鱼都很熟悉，它们是鲥鱼、刀鱼和河豚。这三种鱼以味美鲜嫩而著称，是难得的美味佳肴。三种鱼形状不同，吃法也不一样。鲥鱼形状像鲤鱼，身子比鲤鱼要扁一些。做鲥鱼时不能把鱼鳞刮掉，因为其美味全靠鱼鳞传递。刀鱼的形状就像一把匕首，鱼肉极其细腻，但吃时一定要特别小心，因为小小的一条刀鱼就有上千根刺，很容易被卡着。河豚有着滚圆的身子，身上长的不是鱼鳞，而是带小刺的皮。吃河豚时通常连皮吃下，据说对胃有好处。但河豚极具毒性，一不小心就会吃死人，而且一旦中毒无挽救余地。几乎每年都有因吃河豚而丢掉性命的事情发生，所以有句话叫做"冒死吃河豚"。

我老爸对我讲过这三种鱼的故事，给我留下了深刻的印象。渔民捕这三种鱼用的都是同一张网，形状很像排球网，渔民把网拦在江中，让鱼钻到网眼中去。鲥鱼头小身子大，头钻过去后身子就过不去了，这时鲥鱼只要向后退，就能逃脱而去。但由于鲥鱼爱惜鱼鳞，死不后退，就被渔民捕获了。刀鱼看到鲥鱼被捕后，心想这家伙真笨，向后退一步不就行了吗？于是刀鱼穿过网眼后就迅速后退，结果两边的鱼鳍卡在了网上，其实这时刀鱼只要继续向前就能穿网而去了，但他吸取鲥鱼被抓住的教训，拼命后退，终于也被渔民捕获。河豚看到他们被抓，心想你们真笨，碰到网只要不前进不后退，不就不被抓住了吗？于是河豚碰到网后就拼命给自己打气，把自己打得圆鼓鼓的，结果漂到江上被渔民轻而易举地捕获了。

小时候听这个故事只觉得很好玩，现在再回忆起这个故事，觉得是如此的深奥和让人回味。人就像上面的三种鱼一样，常常被自己的习惯和天性害死，却根本就不知道错在哪里；常常能够清楚地看到别人的错误，却永远也找不出自己的弱点；常常因为看到别人出了问题想避免重蹈覆辙，结果却陷入了一个更致命的错误之中。人类似乎永远逃不出自己的陷阱和宿命。我爸已经去世了十多年，我现在才开始明白我爸讲完故事后那迷茫和痛苦的眼神。

但我们总要生活下去，要逃避陷阱和宿命，并要尽可能比前人生活得更好，我们有办法吗？没有十全十美的方法。但总有一些人比别人活得更快乐幸福和阔达，他们是怎样更加快乐幸福和豁达的呢？我想起了苏格拉底的一句话：认识你自己！让我们认识自己的劣根性，认识自己的局限性，认识其他动物和植物生命的神圣性，认识人类爱心和仁慈的重要性。我们一定要认识到，人类作为自觉动物，只有自己编织的网能把自己捕获，因此，让我们做任何事情都小心一点、收敛一点，不要自己让自己编织一张无形的致命的大网。

为梦想而工作

几年以前的一个炎热的日子,一群人正在铁路的路基上工作。这时,一列缓缓开来的火车打断了他们的工作。火车停了下来,最后一节车厢的窗户——顺便说一句,这节车厢是特制的并且带有空调——被人打开了。一个低沉的、友好的声音响了起来:"大卫,是你吗?"大卫·安德森——这群人的负责人回答说:"是我,吉姆,见到你真高兴。"于是,大卫·安德森和吉姆·墨菲——铁路的总裁,进行了愉快的交谈。

在长达一个多小时的愉快交谈之后,两人热情地握手道别。

大卫·安德森的下属立刻包围了他。他们对于他是墨菲铁路总裁的朋友这一点感到非常震惊。大卫解释说,二十多年以前他和吉姆·墨菲是在同一天开始为这条铁路工作的。

其中一个人半认真半开玩笑地问大卫,为什么他现在仍在骄阳下工作,而吉姆·墨菲却成了总裁。

大卫非常惆怅地说:"23年前我为1小时75美元的薪水而工作,而吉姆·墨菲却是为这条铁路而工作。"

美国潜能成功学大师安东尼·罗宾说:"如果你是个业务员,赚1万美元容易,还是10万美元容易?告诉你,是10万美元！为什么呢？如果你的目标是赚1万美元，那么你的打算不过是能糊口便成了。如果这就是你的目标与你工作的原因，请问你工作时会兴奋有劲吗？你会热情洋溢吗？"

　　成就可以更大，但你必须敢于梦想。当然，实现梦想的过程必定艰辛万分，因此你必须保持一种愉快的态度，用轻松的心情面对挑战，这样，你才能在实现梦想的过程中适应压力，放飞心灵，才能在踏实中筑梦，才能顺利走向成功。

做一个幸福的普通人

她是一位颇有名气的歌手。天赋极好,用她自己的话来说"几乎一生下来就会唱歌"。于是,自然而然的,歌唱家,成了她的追求。

她中专毕业后不再满足于当地的师资条件,寄宿北京的姨妈家,师从一位著名老师。姨妈姨父对她都很好,更重要的是两人的感情好。她正是情窦初开的年纪,看见五十多岁的姨父姨妈手拉手去买菜,一个苹果还你一口我一口地喂着吃的时候,就会在心里咯咯地笑一阵儿,仿佛姨妈就是多年以后的自己。

一年以后,为了强化训练,当然更是为了尽快出道,在老师的要求下,她搬去与老师同住。

老师家大且豪华,每天鸿儒出入名流往来,随便打开电视就能看见电视里的明星正是坐在身旁的宾客,讲着什么段子,或是形态放松皱纹扭曲地大笑。开始的日子,她喜欢死了老师家,觉得就连老师的小保姆也被这氛围熏陶出了几分艺术气质。但是,渐渐的,她不快乐了,因为,老师家什么都有,就是没有幸福。

老师的"现役"丈夫已是第三任,是位退休高官。白天,当家里宾朋满堂的时候,他闭门在书房练书法;晚上,当人散去,他依然在书房里……有时她会在深夜听到老师和他压抑的争吵，主题大概总是"你欠我的，我欠你的"之类。

她一直也没弄明白老师和他，到底是谁欠了谁的，只是，在老师家越久，她会越想念姨妈和姨父。她纵然还不知道什么才是爱，但是她知道，和老师相比，姨妈更幸福。

接下来的几年，她如愿以偿，成名了，恋爱同时进行。

初恋男友是她读本科时的同学，嗓音条件虽然很好，却一直时运不济，待她已经上春晚的时候，他还是籍籍无名，很长时间都是她在养活他。可她真的不在意——而他在意。后来他索性放弃，改行经商了。她为此觉得他意志薄弱，一气之下分手。多年以后在一场地方台晚会上重逢，他是赞助商，她是演出嘉宾，他在后台找到她，说："你终于可以花我的钱了……"她哭了。

第二任男友是成功人士。可是他太"成功"了，仿佛整个世界都需要他，唯独她分享不到。有时他甚至一周都没有音讯，要么就是忽然从南半球打来电话，问正在北半球做梦的她什么天气。她没法不怀疑她之于他的重要性，待她提出分手的时候，精英很是惶惑，他问她：我把自己的所有都给了你，还要我怎么样？她回答：你唯独没有给我——你。

之后，她一直单身，很多年。事业依旧蓬勃，人前璀璨，人后落寞。

后来她开始逐渐淡出，因为她知道自己已然行至巅峰。前方不是无路可走，而是她已经不需要再走。她为自己计划：35岁之前一定要嫁出去，40岁后回学校当老师，与其被新人淘汰，不如去培养新人。

她越想越美，她决计要像所有的普通人那样：做个被爱人宠爱的女人，与他相濡以沫，为他生养后代；做个被学生爱戴的老师，陪伴他们长大，注视他们成才——那该是多么安心而又满足的余生，那该是多么普通而又深沉的幸福。

她认定了这就是自己最后的人生计划，和年轻时一定要出人头地的梦想比起来，她觉得这会相对容易，更显示了她的淡然与成熟。当她把自己的想法说给老师听的时候，不想老师哑然失笑，之后，老师一脸哀伤，那是她从未看到过的神色，老师自言自语似的说：做个幸福的普通人？普通离幸福最近，可是我们一直在试图超越普通，那也正是在远离幸福……

她忽然顿悟，为什么姨妈和老师，有着如此迥异的爱情。

做最好的自己

一个小男孩，从小父母离异，随着母亲生活。因为生活拮据，一家5口，挤在一间四面漏风的木板房里，睡的是"上下铺"的高低床，把豉油捞饭当做天下美食。他从小就长相一般，寡言孤僻。小伙伴们都觉得他又脏又不好看，都不愿跟他在一起玩。上学后，更是备受同学的奚落和羞辱，大家称他为"没有父亲的野孩子"，他曾经自认为是这个世界上最不幸的人。

读书时，他非常顽皮，好动、贪玩，成绩也一直不好，为此，每次的家长会，他的母亲必被请到。

他对拳击和武术有着狂热的兴趣，每场比赛必看。从小，他练得最多的就是咏春拳和铁砂掌，后来还偷偷练过泰拳，他最喜欢李小龙自创的"截拳道"。几乎每天勤练功夫，甚至还与其他小孩打架比试，用以切磋武艺。为此，没少受到母亲的责骂。他曾经渴望做一名像李小龙那样的功夫高手，但却因体质较弱，最终没能被体校选中。

他的第一份工作是在一个公司做助理，但因种种原因，他没能继续在那家公司任职。

他在茶楼当过跑堂，在电子厂当过工人。但结果都未能长久。

1983年,他结业成为香港无线艺员。同年被选派到儿童节目"430穿梭机"当主持人,这样,一做就是4年。当时有记者写过这样一篇报道,说他只适合做儿童节目的主持人。他把这篇报道贴在床头最为醒目的位置,时时提醒和勉励自己:握紧拳头,一定要创出一番像样的事业,让人们对自己刮目相看!

从此,他充分发挥自己的潜能,痴迷上了演艺事业。从早期的跑龙套开始,他一步一步地迈进了影视圈。但是,在繁星璀璨的香港影视圈,最初,他只能扮演一些名不见经传的小配角,勉强混个盒饭。对待失败,他从没有选择放弃,也没有去和别人攀比。像他在日记中所写到的:一步一个脚印,努力地做好自己!

有一个真实的个人经历:在片场,他曾扮演一具死尸,大火烧身,在导演没有喊停时,他一直强忍剧痛。这种近乎残酷的坚毅表演,使他在圈内逐渐有了名气。继而,他独辟蹊径,赋予自己扮演的角色以幽默俏皮的风格。正是看似荒诞不经的"无厘头"表演,以及那种小人物的市侩和富有正义的矛盾对立,开创了喜剧表演的先河。

虽然,他最终没有成为李小龙那样的功夫高手,但他却用另一种观众所喜闻乐见的艺术形式,成了一个最出名的喜剧演员,他的名字叫周星驰。20年前,他是被人呼来唤去的"星仔",20年后,他的名字叫做"星爷",仅《功夫》一剧,他的全球票房就超过了6亿港元,开创了香港电影的票房神话。

成功的定义，有时候就是这么简单。像周星驰那样，无论身处什么岗位，不要在乎别人如何评价，更没有必要去和别人攀比。成功没有复制，关键是，如何在平凡的岗位中，演绎好自己不为平凡的角色。很多时候，成功，就是做最好的自己！

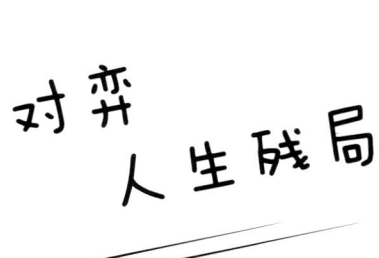

对弈
人生残局

快乐的车夫

一年轻人坐一辆三轮车到车站赶车。

一路上,车夫一边蹬着车,一边唱着歌,手舞足蹈,虽然气喘吁吁的,但丝毫没有显出疲劳的情形。年轻人看了一眼这位约摸30多岁的车夫,不禁问了一句:"今天家里一定有什么喜事吧?"车夫回过头来说:"没有。""那你一定拉了不少客人,赚了不少钱吧?""没有。你是我拉到的第二位客人,在这之前,我只挣到了两元钱。"车夫跟着答了一句。

车继续往前走着,车夫依然一路欢歌笑语。

年轻人纳闷,不禁又问了一句:"那你一定有一个幸福的家庭?"车夫微微一笑说:"怎么说呢,有一个老母亲卧病在床,有两个儿子,一个读初中,一个刚考上高中。我原来在一家机床厂上班,几年前下岗,一直没找到合适的工作,妻子在残障学校当老师,我和她挣的钱刚够供两个孩子上学,就这样。"

"那你为什么还活得这么开心呢?"年轻人不失时机地问。车夫又笑着说:"可能受妻子的感染吧,她教着一批残障孩子,每天的课程主要是如何让孩子们在快乐中学习成长,妻子一天到晚乐呵呵的。她是一个乐观豁达的人,生活再困难再吃紧的时候，她都没有沮丧过。她常说，怎么过也是过，为什么不快快乐乐地过呢？"

"每天晚上我还要和妻子到一家小作坊去，打短工缝制皮手套。我准备把两个孩子都供到大学毕业，再多挣一些钱好给母亲治病。很晚的时候，我们从小作坊回家，我就蹬着这三轮车，拉着妻子往城西的家里走。更多的时候，妻子在后面唱，我在前面和，就这样一路欢歌回到家，每天都这样。"

"也有人说我们穷开心，穷得叮当乱响的，就剩下开心了。随便别人怎么说，反正生活得一天一天自己过，活得简单些，活得快乐些，总比把自己埋在愁眉苦脸中强吧。"

车夫又谈了些关于未来的打算，听得出来，他对生活是充满信心的。到目的地后，车夫突然从车的侧旁拿出一只拐来，轻轻一点，"站"在了车前，依旧笑盈盈的。直到现在，年轻人才知道他一条腿有残疾。他掏出了五元钱递给了车夫，车夫即将为他找钱的时候，年轻人一把按住了车夫的手，说，不用找了，我用剩下的钱买了你的东西。车夫一愣，年轻人接着说，我用最少的钱买到了这个世界最昂贵的东西，你教我学会了快乐。

故事中的年轻人，是笔者的一个朋友，当时正是求职未果，郁闷无助准备返乡的。就在那一天，他懂得了"再困难的生活，也是可以用快乐打造的"。

鲸鱼的死亡

一条青年鲸鱼在海洋中悠闲地游着。大大小小的鱼都躲避着它，纷纷逃命。它很得意，也很自信。鲸鱼是海洋中的霸主，它拥有巨大的身躯，游动起来如排山倒海一般，强大无比，威风极了。鲸鱼饿了就去找鱼群，当它接近鱼群时，鱼们还不知怎么回事，就连同海水一起被鲸鱼吞到嘴里。然后鲸鱼将海水吐掉，却将鱼们咽到肚子里。有时，鲸鱼吃饱了，也喜欢追逐鱼群，看它们狼狈逃命的样子。

沙丁鱼是青年鲸鱼爱吃的鱼，它们常常被鲸鱼成群结队地吞进腹中。青年鲸鱼已严重威胁到了沙丁鱼的生存。沙丁鱼中的一位智者决定除掉这可恨的鲸鱼。可是，沙丁鱼要杀死鲸鱼，那不是白日做梦吗？但这条沙丁鱼中的智者自有它的想法。于是，它组织一群群沙丁鱼向这条青年鲸鱼冲击。

青年鲸鱼感到很好笑，心想："这同送食物有什么两样？！"于是，面对纷纷冲上来的沙丁鱼，它不紧不慢地张开大嘴，将一群群沙丁鱼尽收口中。事情显而易见，胜利者百分之百是鲸鱼。一天又一天过去了，沙丁鱼总是以失败而告终，而青年鲸鱼总是以胜利结束战斗。每次取得胜利，青年鲸鱼都十分兴奋，它总是兴致勃勃地追逐沙丁鱼的残兵败将，将它们一一收入口中。在一次又一次的胜利中，它体味着胜利者的喜悦和自豪。

有时，青年鲸鱼想，沙丁鱼这样同自己决战，实在是太愚蠢了，如果要从海洋中选世界上最愚蠢的鱼，那就非沙丁鱼莫属了。

一天，一大批沙丁鱼又向青年鲸鱼发起了挑战，青年鲸鱼一张口就将它们消灭了大半，剩下的一小部分狼狈逃跑。青年鲸鱼来了兴致，心想："你们哪有我跑得快，一个也别想逃命。"于是，它尾随在后一口一口地吃掉沙丁鱼。沙丁鱼越来越少，但仍然有一些沙丁鱼试图逃脱青年鲸鱼的追杀。青年鲸鱼决定乘胜追击到底，将它们彻底消灭干净。于是，一路追了下去。

青年鲸鱼忘了追出了多远，正当它要张口吞下最后一群沙丁鱼时，忽然发觉自己的肚皮已经触到了浅水滩的沙子，它知道这很危险，可是，由于用力过猛，它此时已经无力控制自己的身体，只见它的巨大身躯一下子冲上了沙滩，它想抽身返回，可是已经来不及了。它搁浅了，它挣扎着，不久就无奈地死去了。

海龟将这一切看得清清楚楚。它说，这是一条死于胜利的鲸鱼。

寻找快乐

人生是由无数小的烦恼组成的一串念珠，我们无法逃避，要做的只是笑着把这串念珠数完。

一个年轻人整日愁眉苦脸，似有千斤重担压于一身，他决心出门寻找快乐的秘诀。

他来到一个山脚下。只见一片绿草丛中，一个牧童倒骑在牛背上，吹着悠扬的横笛，逍遥自在。

年轻人走上前去询问："你看起来很快活，能教给我解脱烦恼的方法吗？"

牧童说："骑在牛背上，笛子一吹，什么烦恼也没有了。"

年轻人照着牧童说的试试，不灵。

于是，他继续往前走，寻找快乐的秘诀。

前面一条河挡住了年轻人的去路。河边一位老翁坐在柳荫下手持一根钓竿。老翁神情怡然，自得其乐。年轻人觉得老者能告诉他快乐的秘诀，于是走上前去鞠了一个躬："请问前辈，您能赐我解脱烦恼的办法吗？"老翁看了他一眼，慢声慢气地说："这很好办，孩子，跟我一起钓鱼，保管你没有烦恼。"

年轻人试了试，还是不灵。

于是，他又继续寻找。不久，他来到一个山洞里，看见一位长髯老人独坐在洞中，面带满足的微笑。年轻人想，这一定是我要找的人。

年轻人深深地鞠了一个躬，向老人说明来意。

长髯老人微笑着摸摸长髯，问道："这么说你是来寻求解脱的？"

年轻人说："对对对！恳请前辈不吝赐教。"

老人笑着问："有谁捆住你吗？"

"没有。"

"既然没有人捆住你，又谈何解脱呢？"

年轻人豁然开朗。

烦恼像一把锁，打开这把锁的钥匙就在自己的手里。当你遇到心烦的事，与其整天唉声叹气，倒不如想办法解决。世事终究如过往云烟，过得快乐，才是最幸福的事。

幸福的标签

周末,罗伯特来到老朋友鲍勃的住处,见鲍勃一个人坐在新买的房子里对着一张报纸发呆,于是便问:"鲍勃,你不是说要去钓鱼吗?为什么不准备渔具,却坐在这里发呆呢?"鲍勃看看手拿渔具兴致勃勃赶来约他去钓鱼的罗伯特,一脸惊讶地说:"罗伯特,你可真是好兴致呀,都什么时候了,你还有心情去钓鱼?你没看到今天的报纸上说,现在不但新墨西哥州的房价在狂跌,就连整个美国的房价都跌疯了吗?"

罗伯特不明白地问:"这,跟钓鱼有什么关系吗?"

鲍勃摊了摊双手说:"我真是搞不懂你!怎么没有关系?我刚刚花高价买了一套房子,房价便跌了下来,谁还有心思去钓鱼啊!"

罗伯特依然不解地问:"难道你在做房地产生意?"

鲍勃说:"不,我没有做房地产生意,但是,你想一想,原来我住在一栋价值30万美元的房子里,一夜之间,我却住到了一栋价值20万美元的房子里了,你难道不觉得我很亏吗?"

罗伯特突然觉得鲍勃的话很有道理,于是也开始发愁,因为他也花30万美元在新墨西哥州买了一栋跟鲍勃一样的房子,可是现在它却只值20万美元了。整整1个星期，两人愁得茶饭不思，更别说去钓鱼了。

一天，罗伯特突然接到鲍勃的电话："嗨，老伙计，我们去钓鱼吧。"

罗伯特说："你不是说，房价跌了，你没心情去钓鱼了吗？"鲍勃神秘地在电话里笑了笑说："告诉你一个好消息，报纸上说，现在的房价又涨了，像我们那样的房子现在要35万美元才买得到。"

罗伯特听了高兴得跳了起来："真的？这么说，我们现在住在价值35万美元的房子里，我们可真幸福啊！"

鲍勃说："是的，我们真的很幸福，难道我们现在不应该去钓鱼吗？"

一旦给幸福贴上了价签，那么幸福便会像市场上的商品一样，时涨时跌。

大师的谦逊

一位世界一流的小提琴演奏家在为人指导时，从来不说话。每当学生拉完一曲，他总是把这一曲再拉一遍，让学生从倾听中得到教诲。"琴声是最好的教育。"他如是说。

他收了一位名不见经传的新生，在拜师仪式上，学生为他演奏了一首短曲。这个学生很有天赋，把这首短曲演奏得出神入化。

学生演奏完毕，这位大师照例拿着琴走上台。但是这一次，他把琴放在肩上，却久久没有奏响。他沉默了很长时间，然后，把琴从肩上又拿了下来，深深地叹了口气，走下了台。

众人惊惶失措，不明白发生了什么事。这位大师微笑着说："你们知道吧，他拉得太好了，我没有资格指导他。最起码在刚才的一曲上，我的琴声对他只能是一种误导。"

全场静默片刻，然后爆发出一阵热烈的掌声。

"谦逊"这两个字，每个人都知道，但真正能做到的人却不是很多。

一个已经名扬四海的大师，面对一个无名小辈，敢于承认自己的不足，真心赞美对方的优秀，既不怕有损于自己的威名，也没有用自己的光芒去打压对方。

一个技艺精湛的大师赢得众人的掌声是不奇怪的，但是一个胸怀磊落敢于说真话的大师是一定会让人肃然起敬的。

把耻辱珍藏起来

1996年，刚刚20岁出头的刘国梁，初露锋芒，在当年刚刚结束的中国乒协杯赛上，与孔令辉合作，夺得男子双打冠军，个人也勇夺男子单打第三名。之后，他顺利成为备战第26届亚特兰大奥运会的国家乒乓球队男运动员之一，与孔令辉、王涛和丁松一起进行刻苦的备战训练。那时，他心气极高，对未来充满自信，渴望在奥运会上一展身手。

然而，和同期的队友相比，当时的刘国梁成绩并不是最好的。那时，王涛是25届奥运会冠军，而年仅20岁的孔令辉，在1995年第43届世乒赛刚刚夺得男单冠军，是新科状元。在众人眼里，似乎只有丁松和他站在一个起跑线上。

正式参赛的乒乓球男运动员名额只有三个，名单还没有定下来，鹿死谁手，一时还很难预料。大家都在下面暗暗较劲，拼命地训练着。他和丁松暗下里的竞争就尤为激烈。

一天，训练间隙，他到队友王涛家里玩儿。那天，王涛很神秘地递给他一张报纸。他没有多想就接过来，然后坐下来仔细地读起来。没过几分钟，他就蹙起眉头，显得有些不安。他心情沉重地盯着那份报纸上的一篇文章，一声不吭，反复地读。临走时，还悄悄地把那份报纸揣在身上带走了。

从王涛家回来后，昔日自信拼命的刘国梁，训练起来开始有些松懈和不自信了。可无论心中怎么难受，他始终没有向队友倾诉，更没有向教练问个明白。他就这样郁郁不安地坚持训练。

问题很快暴露出来。不久后的一天，刘国梁参加了一次对外公开赛。他上去打第一轮，一上去就被打得稀里哗啦，淘汰出局了。坐在下面观战的蔡振华教练异常震惊。

刘国梁败下阵来后，走到观众席，坐在蔡振华教练身边，默默无声看后面的比赛。这时，蔡振华看了他一眼，很是不解地问："国梁，最近你是怎么了？今天怎么打成这样子？"刘国梁面无表情，没有正面回答，而是从乒乓球拍的板套中取出一份报纸，默默地递给蔡振华。蔡振华先是一愣，然后接过报纸仔细地阅读起来。读完后，他抬起头望着闷闷不乐的刘国梁，说了这么两句话："你相信我会说这样的话吗？封闭训练期间，我是从来不接受媒体采访的。"说完后，蔡教练转身离去。这时，刘国梁才展开眉头。这些天压在他心头的石头终于落地了，他一片释然。

之后的刘国梁与前些的他判若两人，全身心地投入备战训练中，积聚在心中的力量迅速迸发出来。后来，他顺利入选26届亚特兰大奥运会的中国乒乓球队男队运动员参赛名单。在26届亚特兰大奥运会的乒乓球比赛中，他所向披靡势如破竹，获得男双、男单双料冠军。不久，他又成为中国第一位世乒赛、世界杯和奥运会"大满贯"获得者。

此后，刘国梁又获得了多个世界冠军。2003年6月23日，他出任中国国家乒乓球队男队主教练。2008年的北京奥运会上，他率领中国男子乒乓球队囊括了男单、男双和团体冠军3枚金牌，被人们称为"乒乓神手"、"金牌教练"。

然而，令许多人想不到的是，从26届亚特兰大奥运会男单冠军到今天的中国国家乒乓球队男队"金牌教练"，十多年过去了，他仍然珍藏着那份报纸。

报纸中，那篇与他息息相关的文章，至今，他还记忆犹新。那篇文章的标题是《蔡振华语出惊人》，里面，作者以采访者的口吻阐述了蔡教练对第26届亚特兰大奥运会的战略意图与布阵安排，最后，作者得出的结论是——丁松上，刘国梁下。

这份不够客观的报道，曾经一度是刘国梁心中无法祛除的痛，也让他时刻有种难以磨灭的强烈的羞辱感。

后来，有人又提到了这件事情，极为不解地问他："这份报纸上的报道，对你来说简直就是一种羞辱。可你为什么还要珍藏它呢？"他笑了，这样回答："虽然它不够客观，可它至少反映了那时我的水平还不够稳定，还没有赢得大家的信任。更为重要的是，它对我的刺激太大了，成了我不断努力的强大动力。"

或许，从另一个角度看，正是那份报纸，成就了今天的"乒乓神手"与"金牌教练"。

面对旁人的批评、怀疑与否定，甚至是毫不留情的羞辱，我们可以选择反唇相讥，也可以选择自甘堕落，还可以选择不予理睬——让它自生自灭。除此之外，别忘了，我们还有一种更好的处理办法，那就是像刘国梁那样——把它当作自己的一份耻辱，珍藏起来，用来激励自己，让它成为我们生命不止、奋斗不息的加油站。

梦想要敢于翱翔

1914年7月4日,在美国西雅图市举行的国庆庆祝活动现场,出现了一架飞机,在空中做着各种精彩的表演。人群中爆发出一阵阵掌声和呐喊——20世纪初期,飞机还是一个绝少有人接触的新鲜事物。

飞机降落后,飞行员马罗尼便被潮水般的人群围住了。人们不但羡慕他的勇敢,更是对飞机这个怪物能够翱翔于高空充满了好奇。

这时,马罗尼笑着问周围的群众:"有谁愿意和我一起飞上天去试试吗?"连问三遍,无人应声——对飞机这种新鲜事物,人们好奇的同时,也对它生有无穷的恐惧:这东西飞在空中,上不着天下不挨地,谁知道它会不会摔下来?

这时,一个青年人霍地站出来,大声对马罗尼说:"先生,我想我可以同你一起飞上天!"

飞机在马罗尼的操纵下,稳稳地飞上了天空,然后在空中做着各种精彩的动作。那个青年人尽管平生第一次飞上天,心里有些害怕,可还是好奇地问这问那,不住地观察马罗尼驾机的每一个动作。20分钟过后,在人们的欢呼声中,飞机稳稳地降落下来，青年人面带微笑走出机舱，他大声向周围的人们呼喊："真的不错，可以上去试一试！"

观众包括飞行员马罗尼都为年轻人的勇气报以热烈的掌声。这个年轻人从此对飞机产生了浓厚的兴趣。不久，他就萌生了制造飞机的念头。在好友的帮助下，他用当地廉价的木材制造新型的轻便飞机。1916年，这个青年人制造出了世界上第一架浮筒式小木飞机。在人们惊讶的目光中，青年人亲自驾着自己研制的飞机进行飞行试验，一举成功！此后，这个青年人在西雅图郊区正式成立了"太平洋航空产品公司"。1917年改名为"波音公司"。这个敢于挑战蓝天的青年人就是"波音"公司的创始人——威廉·爱德华特·波音。90多年来，波音公司始终致力于新产品的开发和探索新技术，从民用飞机、军用飞机到航天飞机、运载火箭、全球通信卫星网络、国际空间站，成为全世界最大的航空航天公司。第二次世界大战中，赫赫有名的B-17（绰号"空中堡垒"）、B-29轰炸机以及东西方冷战时期著名的B-47和B-52（绰号"同温层堡垒"）战略轰炸机，美国空军中比较出名的KC-135空中加油机以及E-3（绰号"望楼"）预警机均是波音公司的产品，就连美国总统乘坐的专机"空军一号"也是由该公司出产的波音707以及波音747改装而成的。

不管这个世界上有多少"不可能"，只要敢于"站出来"、敢于"站起来"，那么就会有创造奇迹的诸多"可能"！梦想翱翔、敢于翱翔的人，才能最终在万里长空纵横驰骋、自由翱翔。

丑姑娘的勇气

虽然她的父母是贵族，并有着显赫的地位，但因为她从小身材矮小，相貌丑陋，不仅同龄的男孩子不愿和她玩耍，就连女孩子也常常向她吐舌头。她唯一的一位朋友怕她承受不住打击曾劝她休学，从此不要出门，反正家里要啥有啥、有花不完的钱，但她却对朋友报之一笑。学校有什么活动不仅积极踊跃参加，同学有什么聚会即便是不邀请，她也会前去祝贺。虽然在体检上不达标，但因为那次募捐演讲她第一个勇敢地走上台前，学校破例把去国外著名大学深造的机会留给了她。

毕业后，获得经济学博士学位的她，因着家族的威望和自己不懈的努力，年纪轻轻就顺利当上了某政府部门的高级职员。每逢部门开会，同事们往往怕得罪人很少发言，而她却每次都第一个站起身来对部门的一些弊病进行严厉的批评。

散会后，不少同僚都来劝她说："你的前途很令人担忧。以你的条件，能在这样好的部门工作已经是奇迹了，老老实实地把本职工作干好，别只顾着出风头，少惹些是非才对！"

对于同僚的这些劝告，她并没有放在心上，仍然坚持自己的原则和一贯的为人处世的作风，用自己三分之二的精力做事，另外的三分之一则用来冒险。

　　后来，这位出生于菲律宾邦阿西楠省身高仅1.5米的丑姑娘，凭借着自己的勇敢和冒险精神，因在国家非常时期对政治经济大胆提出一系列改革建议，成为菲律宾人民拥护的新经济模式改革的带头人。她就是菲律宾的"铁娘子"，前总统阿罗约。

　　曾有一家外国媒体在菲律宾做过这样一个民意调查，询问为什么喜欢选阿罗约做总统？有一个选择，是大家公认的：因为她有勇气、有胆量、有不怕牺牲、不怕艰险的冒险精神！

　　是的，人要想成功就要尽量把自己的生命推向前头拿去冒险和利用，而决不能把自己包裹、收藏起来或是自恃自己的才能而坐等伯乐的赏识。即便是我们处在劣势，只要我们肯摆脱思想上的包袱，敢于冒险，敢于尝试，把自己推到别人前面去，我们才会被别人发现和认可。

人不能总是在原地停留

基思·鲁珀特·默多克出生于澳大利亚，父亲是当地著名的战地记者和出版家。在父亲的影响下，默多克早年就对新闻行业充满无限兴趣。在伦敦读大学期间，默多克就到当地一家小有名气的报社做助理编辑，3年的阅历培养了他的敏锐、务实。

默多克毕业之时，当地的《泰晤士报》以高薪向他伸出了橄榄枝。默多克兴致勃勃地去上任，却在途中接到电话，被告知，父亲所创办的报纸马上要进行拍卖了。

默多克意识到自己人生的转变点到了，他立即回家掌管父亲的产业，不到一年的时间，报纸就实现了扭亏为盈。为了实现他的新闻王国大梦，默多克又果断地聘用从没有新闻从业经验的彼得·彻宁和拉里·拉姆担任公司高层，这让很多人都大跌眼镜。但深知赌场规律的默多克知道，他的公司缺的并不是平淡稳重的员工，而是拥有疯狂激情的人才。

在这种近似疯狂的管理模式下，默多克也加快向外扩张的速度，在他人生的第50个年头时，他已经控制了澳大利亚的2/3和英国1/3的报纸发行量；此外，他还担任英美澳多家公司董事长。

应该说，默多克成功了，他完全可以尽情享受他人生的辉煌时光了。

但是，默多克并不甘心就在原地踏步。

他很快成立了新闻集团，并聘用"疯狂的公牛"称号的罗杰·爱尔斯担任公司经理。

10年之后，他再度出手，在美国建立了自己的电视传媒王国——福克斯电视网（FOX）。在互联网时代来临后，默多克立即和日本一家公司合办了专门拓展互联网投资的软银公司。

2005年，他以5.8亿美元现金收购当时My Space的母公司Intermix Media，从而进军网络新闻博客及网络社交领域，2008年默多克最终以50亿美元成功收购道·琼斯，这让所有美国人都在惊呼："狼来了！"

生活中的确常常是这样，取得成功其实并不难，难的是把成绩归零，重新开始。很多人都失败了，但有人的确成功了。正如默多克所说："每当我站在一个成功的顶峰时，我就反复提醒自己不能总在原地踏步、故步自封，所以我只能勇敢再向前迈步。"

"不能总在原地踏步。"多么朴实的一句话，我想这句话不仅仅是一种言词、一种态度，更是一种心境、一种透满大智的习惯。

自信，强者的心境

一位"法定盲人"，双目近乎完全失明，却在今年3月成了美国的州长，由此创造了两项纪录——纽约州第一位黑人州长和美国第一位"法定失明"州长，他就是戴维·帕特森。

帕特森出生在美国纽约布鲁克林。幼年时期，由于遭受了一次严重感染，他患上了"视神经萎缩"症，左眼完全失明，右眼只剩下非常微弱的视力(相当于0.05)。年幼时，帕特森不愿意就读于盲童学校之类的"非主流"学校，可是在布鲁克林没有一个主流学校接受他在正常班级学习。后来，他的父母经过努力，好不容易使长岛一所学校答应接受他进入正常班级。

进了学校，帕特森就不服输，只要是别人能参加的活动，他都要想办法参加，而且还要赢。在学校里，他既打篮球，跑马拉松，还参加话剧演出，几乎已经超越了一个正常的人。由于双目近乎完全失明，他又不愿意读盲文，这为他阅读带来了很大的困难，每次阅读持续时间很短，为了提高阅读效果，只有提高记忆力，别人要读三遍甚至更多遍才能记住，可他只要读一两遍就记住了。很强的记忆力，也为他成功打下了基础，后来帕特森在纽约州政坛纵横20年，他发表演讲时从来不会弄错一个标点符号。

高中毕业后，他以优异的成绩进入著名的哥伦比亚大学攻读历史专业。在哥伦比亚大学就读初期，帕特森的学习成绩依然优异，却因眼疾遭到一些同学的歧视，他开始自暴自弃，以至于破天荒地出现了不及格的课程。帕特森接受了老师的建议，暂时中断了学业，走出校园打工。打工的日子对帕特森来说是痛苦的，但工作让他再度收获了自信。重返校园后，帕特森以强者的自信顺利完成了本科学业，随后进入霍夫斯特拉大学学习法律。1983年，获得法学博士学位的帕特森进入纽约皇后区检察官办公室工作。

1985年，帕特森在哈勒姆地区的参议员选举中胜出，"仕途"上的前进，使他工作非常繁忙，但在他当议员期间，那种不服输的态度还是给人留下了很深的印象。他的主要工作场所是纽约州参议院，由于长期在那里工作，他对那里的环境非常熟悉，不需要别人帮忙也能来去自如。他的助手将大部分工作文件制作成语音文件，供其"听阅"。如果要发表演讲，他就事先将演讲的内容牢记在心。

由于他能干、自信，帕特森因此成为民主党在纽约州参议院中的领袖，同时还深得共和党对手的敬重。纽约州共和党多数派领袖约瑟夫·布鲁诺说："尽管我们在政治上是对手，可我居然能跟他建立起父子般的亲密关系。"

正因为他不服输、自信，又把这种不服输、自信用于学习、工作中，所以，他有很大的影响力。2006年埃利奥特·斯皮策竞选纽约州州长时，看重他并邀请这个"法定盲人"和自己搭档。在当年的竞选中，两人的组合势如破竹，以相当大的优势击败了共和党对手。2007年1月，斯皮策宣誓就任纽约州州长，帕特森担任副州长。2008年，斯皮策由于丑闻不得不辞职，帕特森在众望所归中担任州长，许多人都认为："只要帕特森能当州长，那么纽约州的政局就不会因为丑闻而震荡，他的丰富从政经验也能让纽约州实现平稳过渡。"

帕特森曾说过，"尽管我是少数群体中的一员，同时又是少数群体中的少数群体，但是我可以做到任何事，不要给我任何借口。"

是的，帕特森之所以能成功，创造人生的辉煌，是因为他任何时候都把自己当做一个强者，不为自己寻找退缩的理由。

相信自己，勇往直前，也许你就是强者。

演好一个角色

中国电影界,群星璀璨。灿烂星河中,有一个名字难以忘怀。与众不同也绝无仅有的是,他一生只演了一个角色,却成了德艺双馨的表演艺术家。他就是王铁成,他饰演的唯一角色是周恩来。

王铁成于中央戏剧学院毕业后,学表演出身的他却几乎与表演无缘。1976年,周总理逝世,怀着对总理的敬仰之情,他萌发了饰演总理的愿望。1977年,他如愿以偿,在话剧中饰演了周总理,成为我国舞台上出演周总理的第一人。

虽然只有短短15分钟的戏份儿,初次尝试却坚定了王铁成演好周总理的决心。他多方搜集周总理的资料,反复模仿周总理的发音,揣摩周总理的走路姿势,研究周总理的神态表情,力求达到惟妙惟肖。仅仅为了练习周总理走路姿势这一个动作,他每天在房间里走的路加起来竟达20多公里。为了追求形神兼备的境界,他读周总理喜欢读的书,看周总理喜欢的画,就连书法也模仿周总理的字体,他收集的有关周总理的书籍、录音、影像资料等摆起来足有5米高。他始终本着领略真谛、悟出精髓的原则演总理。

由于潜移默化的影响，王铁成时刻用周总理的道德品质和行为规范要求、提升自己。在拍《周恩来》时，已经55岁的他宁肯饿得胃痉挛，也毫不犹豫地减肥10多公斤。在遭遇车祸摔断6根肋骨的情况下，他用数米长的绷带固定住摔断的肋骨，坚持拍摄。当人们看到银幕上消瘦的"总理"时，仿佛感到周总理真的又回来了。

工夫不负有心人，王铁成成功塑造了一个又一个周总理的银幕形象，得到了广大观众、专家和领导人的认可、喜爱和赞同。1992年，由于在影片《周恩来》中的出色表演，他同时获得了第十二届中国电影金鸡奖和第十五届大众电影百花奖的最佳男演员奖。戏剧家曹禺在一次看完演出后，流着眼泪向他三鞠躬。周总理的夫人邓颖超给他打了90分的高分。当时的李鹏总理给他题词："演技绝伦，情出于心，再现周公，光彩后人。"

66岁时，王铁成收山了。这一辈子，他虽然只演了周总理这一个角色，但却取得了巨大成功。他说，一个是演过很多角色但不出彩儿，另一个是只演一个角色却精彩无限，如果让我选择，我选择后者。也许，这就是他成功的秘诀吧。

做好自己的事

2002年，年仅15岁丁俊晖收获自己的第一个亚锦赛台球冠军，成为亚锦赛最年轻的台球冠军。2005年，丁俊晖又在国际台联排名赛中国公开赛上一路击败艾伯顿、傅家俊、达赫迪和亨德利等名将，首次夺得冠军。2006年的8月，丁俊晖再次出手，以9比6的成绩击败奥沙利文获得冠军。这个冠军是丁俊晖在有史以来第三位在20岁之前就能获得3个排名赛冠军的选手。

刹那间，所有的闪光灯对准丁俊晖，他的头上开始顶着"神童"的称号，无论出现在什么地方，掌声、鲜花、摄像机，都聚集在他的周围。丁俊晖有些陶醉了，觉得自己从小为之奋斗的事业，终于到了收获期。

然而，命运之神却没有永远地眷顾丁俊晖，他的成绩就像过山车一样起伏不定，先是在中国公开赛中输给肖国栋惨遭出局，之后又不敌亨德利。丁俊晖的国际排名直线下降，媒体开始把王安石先生的《伤仲永》找出来，说丁俊晖也是拔苗助长的产物，他终究承担不起全国人民的目光，他永远走不远。

这样的结果让丁俊晖更加患得患失，这位曾经的"天才少年"又在一次决赛中不敌梁文博，把中巡赛的冠军拱手送给了别人。

第二天所有的媒体，都以"神童！神童？"作为自己的标题，这些铺天盖地的负面新闻，就像冬天里的寒风一样刮在了丁俊晖的心里，丁俊晖再不想去摸那曾经带给自己无限荣誉和掌声的球杆。他开始躲避媒体的视线，他到曼联去看球、到三亚去晒太阳。可不管怎么逃避，丁俊晖都觉得自己像是走进死胡同的人一样，怎么转向都寻找不到出路。

最后，问天、问地，都没有得到答案，丁俊晖只能重新回到自己原来的教练伍文忠的身边。

伍文忠根本就不相信丁俊晖实力会下降得如此厉害，他让已经几个月没有接触过球杆的丁俊晖打球。丁俊晖又像当初一样趴在台球桌前，可是伍文忠教练却发现原来专注打好每一球的丁俊晖不见了，打蓝色的球打一百个都不进，和田鹏飞、肖国栋打对抗也从没有赢过，有时候就连陈睿夫也输。伍文忠教练急了，他知道丁俊晖输的不是他的球技，而是他的心理关。

终于有一天，在丁俊晖又输掉一场球的时候，伍文忠教练发火了，他指着丁俊晖骂道："知道你为什么输球吗？"丁俊晖一脸无助的摇头，伍文忠说："就因为你没有好好打你的球！要知道别人打得怎么样，那是别人的事，别人能够怎么样，那也同样是别人的事，都与你无关，你所要做的，就是打好你自己的球，把眼睛盯在自己的球杆上，聚精会神，憋足一口气，把自己的球打好，这才是你真正要做的！"

"把自己的球打好！"这一句话就如醍醐灌顶，让丁俊晖一下子找回自己的状态。十天后，丁俊晖在郑州中巡赛上一举夺冠。

2009年12月14日，已经煎熬了1211天的丁俊晖，出现在斯诺克英锦赛的决赛中，这一次丁俊晖牢牢地抓住了机会，他聚精会神地打好自己的每一球，最后终于以10比8的成绩力克"苏格兰巫师"约翰·希金斯，拿下继2005年后的第二次英锦赛冠军。

这座冠军奖杯打破了丁俊晖三年多的排名赛冠军荒，丁俊晖成为第一位英伦三岛之外两次获得英锦赛冠军的球员。这时所有媒体又开始重新把闪光灯聚焦在丁俊晖身上，而已经成熟了的丁俊晖却说，我根本就不是你们所写的"什么王者归来"，我只不过用心打好自己的每一球，至于别人怎么样，我左右不了，我所要知道的，就是打好自己的球，这才是我取胜至关重要的法宝！

对弈人生残局

人若以命运来划分，大致可以分为两种：一种人生来就走运；一种人生来就倒霉。台湾残疾画家谢坤山就属于后一种，似乎生来就和好运气无缘，而与霉运结伴，倒霉了一次又一次，也倒霉得一塌糊涂，简直成了"倒霉家"。

由于家境贫寒，没钱供他读书，所以，谢坤山很早就辍学了。不过，生活贫困也使他早熟，很早就懂得父母的劳苦与艰辛。因而从十二岁起，他就到工地上打工，用他那稚嫩的肩膀支撑着这个家。然而，命运偏偏不垂青这个懂事的孩子，总将灾难一次次降临到他头上。十六岁那年，他因误触高压电，失去双臂和一条腿；二十三岁时，一场意外的事故，又使他失去了一只眼睛。随后，心爱的女友也悄然离他而去……

面对命运接踵而来的打击，谢坤山并不抱怨，也没有因此沦落。但为了不拖累可怜的父母，也为了不拖垮这个特困的家庭，他毅然选择了流浪。带着一身疾病上路，独自一人，与命运展开了博弈。

在流浪的日子里，谢坤山一边忙于打工，挣钱糊口；一边忙于公益，救助社会。后来，他渐渐地迷上了绘画，他想重新给自己的灰色的人生着色。

　　起初，谢坤山对绘画一无所知，他就去艺术学校旁听，学习绘画技巧。没有手，他就用嘴作画，先用牙齿咬住画笔，再用舌头搅动，嘴角时常渗出鲜血。少条腿，他就"金鸡独立"作画，通常一站就是几个小时。他尤爱在风雨中作画，捕捉那乌云密布、寒风吹袭的感觉……然而就在他人生最困顿的时候，一个名叫也真的漂亮女孩，不顾她父母的强烈反对，毅然走进了他的生活。

　　有了一个支点，从此谢坤山更加勤奋作画，到处举办画展，作品也不断地在绘画大赛中获奖。苦心人，天不负。后来，他终于赢得了爱情，有了一个美满幸福的家；而且赢得了事业，成为有名的画家；同时也赢得了社会的尊重。他的传奇故事，在台湾早已家喻户晓，成为无数青年的楷模。曾有人问他："假如你有一双健全的手，你最想用他做什么。"他笑着回答："我会用左手牵着太太，右手牵着两个女儿，一起走好人生的路。"

　　其实人生就是一盘棋，而与你对弈的是命运。即使命运在棋盘上占尽了优势，即便你只剩下了一炮的残局，你也不要推盘认输，而要笑着面对，坚持与命运对弈下去，因为人生往往就在坚持中转机，没准就能打它个"闷宫"！

人生
没有绝望

澳柯玛戈三角洲,是非洲荒漠上一块与世隔绝的平原。一年四季,大部分时间遭受洪水的浸淫。平原上唯一的一块高地岛屿,被一群狮子占领着。

成年雌狮萨多,是澳柯玛戈岛屿狮子部落的"王后"。可是,在萨多生下卡勃和汤波一对儿女时,虚弱的身体,让她在新的群狮"争霸赛"上失去了王位。她和她的一对儿女,被无情的新狮王逐出"团队"。

狮子,是唯一一种群居的大型猫科动物。它们依靠团体的力量捕猎、生存、繁衍后代。一旦离开狮群的保护,随时会遭遇多如牛毛的猎狗的围剿,伏击,而面临饿死的危险。陆地上,它们勇猛无敌、凶悍无比、称王称霸。但它们却是一群"旱鸭子",天性畏水,如火一样和水不相容。狮子在水中体能的消耗,是陆地上的25倍。

失去家园和权势的萨多,领着一对小狮子,凄凉落寞地跋涉在齐腰深的洪水里,浑身冰凉、精疲力竭、饥肠辘辘……然而,面对所处的绝境,作为母亲的萨多明白,如果想在这里生存下来,就必须适应这里的环境——改变原有的生活习性,学会在水中觅食。

萨多和一双儿女忍着饥饿和死亡的威胁,开始训练体能,学习游泳、学习潜水,并尝试着捕猎。一次次尝试失败后,萨多用狮脑"总结"出:澳柯玛戈平原,除了低矮枯瘦的水草,四周没有任何遮蔽物。各种动物,都相互清晰地暴露在彼此的视野里,这给捕猎增加了难度。它们得练就一身"轻功",保证在水里行进时,不发出任何声响。

经过几天的忍饥挨饿、刻苦自学,萨多准备"出手"了。她把目标锁定在前方不远处的一头肥硕的马羚身上。萨多示意孩子们呆在原地,自己施展"轻功",匍水向马羚靠近、靠近,马羚毫无察觉……突然,萨多一个跳跃,蹿出水面,扑向马羚,用前抓将个头高出自己两倍的马羚扑倒。马羚强而有力的四蹄,不断蹬踢。萨多稍有不慎,就有肚破肠穿的危险。萨多小心地避其锋芒,身体在马羚头的一侧,用尖利的长牙咬住马羚的咽喉,将其沉入水中……它的儿子卡勃,及时赶来,学着母亲的样子,用前爪死死摁住马羚的头。不一会,马羚不动了。它们成功了。

马羚120公斤的肥美身躯,足可以供母子仨享用两天。更让人欣慰的是,就在萨多母子合力制服大马羚的同时,小狮子汤波,用同样的手法,成功捕获一只小马羚。为了不让水里的食腐动物,抢夺来之不易的美食,萨多和孩子将猎物转移到岸上安全地带。湿漉漉的猎物是它们自身体重的两倍。它们一点点艰难地拖移着,时不时气喘吁吁地放下食物休息片刻,然后继续……夕阳下，它们一家三口，围着马羚美餐，神情是那么从容自得。

就这样，狮子萨多不但顽强地生存了下来，驱散了狮子与水不能相容的神话，也将自己的儿女训练成为澳柯玛戈平原上"水陆两栖"的"蛟龙"。

应对绝境，坚强和行动，是治愈恐惧的良药；犹豫和消沉，则是滋养恐惧的温床。每个人都有潜在的能力，只是很容易被习惯掩盖，被时间迷离，被惰性消磨。狮子萨多的经历告诉我们，不论何时何地，都要勇敢坚强地面对现实。因为，世上没有绝望的处境，只有对处境绝望的人。

别被自己打败

当知青时,我家后院长着一株苦株树。这是一棵神奇的树,听房东大娘说,当年砍下来插在地下,只想将它作为一晾衣服的树杈。没想到春天到了,光秃秃的树干,奇迹般萌发出了新芽,几十年过去了,它长成了一棵大树。巨大的树冠像撑开的一把巨伞,遮住了半个庭院,在炎热的夏天给人们带来了惬意的清凉。

秋天到了,树上的叶子渐渐少了。一天,我突然发现,在树顶的高枝上,有一个鸟巢。整个夏天里,它一直隐藏在浓密的树叶之中,秋天叶落了,鸟巢便裸露了出来。

那时年轻,什么都感到新鲜,我急忙搬了架梯,从树枝的空隙中架了起来,爬上去仔细看了看。这是个圆形的鸟巢,它织得很密,泥土中间还夹杂一些羽毛、细枯草和玻璃纸,在鸟巢的西面有一个鸭嘴子模样的通道,这是鸟儿们进进出出地方。最使我感到惊奇的是,鸟巢里面居然还有六七枚玉球似的小鸟蛋。我拿出了一只看了看,洁白如玉,晶莹剔透,似一朵含苞欲放的菊花,又像一个鸡心玉坠。这时,远处隐隐传来了几声鸟的啼叫,为了不破坏它们安定的生活,我轻轻地将鸟蛋放回原处。

过了一会儿,果然飞来了两只小鸟,当地人把它们称为山雀。在城里我从没见过长得这么美丽的鸟,优美的流线体形,黑白分明的羽毛,尾巴很长,总喜欢翘得高高的。它们亲昵地站在鸟巢边上,叽叽喳喳地聊了一会儿,才顺着鸟道返巢歇息。

从那以后,每天收工我都会坐在树下看望着它们,它们有时彼此拉开距离,激烈地喳喳吱吱地争论什么,有时则轻声细语地悄悄嘀咕,有时则不声不响亲昵地依偎着。我从小就会吹口哨,能惟妙惟肖地模拟鸟的叫声,现在还派上了用场,不时也吹上几声与它们聊聊、谈谈。

对我来说,那是一段灰色的人生,日出而作,日落而息,天天如此。学业荒废,壮心泯灭,每天时常因一两个工分跟贫下中农争得不可开交,回想起来真无聊。这两个异类朋友的出现,给我的生活增添了一抹亮色。我无法分辨出它们之间的雌雄,于是按形体大小分别命名它们为"大个子"、"小个子"。

天气一天比一天凉了,树上的叶子愈落愈少,一天老天爷突然变脸,狂风挟着暴雨,下了整整一夜。

雨停了,我急忙走出了屋,看见可爱的鸟巢许多地方已被冲坏,尤其是那个通道,刚好被一根落下的树枝打着,只留下三分之一的土疙瘩还耷拉着。那两只山雀正忙忙碌碌地飞进飞出,衔来草根、树叶和泥巴。

黄昏时分,我收工回来,看见它俩无声地静立在枝头,相互深情地凝望着。一会儿,只见"小个子"扭过头去,把嘴伸向了自己的翅膀,我的眼睛睁得大大的,目光像胶一样粘在了它的身上。随着一声凄厉的叫声,只见它硬生生地从自己的翅膀上拽下了一枝美丽的羽毛,接着"大个子"也将头扭向了自己的翅膀……我心中猛地打了个激灵,不由地闭上了眼睛,整个晚上,眼前一直浮现着那只渗透着鲜血的翅膀,耳边不停地响着此起彼落的鸟鸣声。

第二天一早,天刚放亮我便来到了苦株树下,只见那个鸟巢已修复如初。但只有"大个子"悲凉地立在枝头。我想或许因劳累过度,或许因流血过多,"小个子"已经离去了。

太阳出来了,金色的霞光映红了淡蓝色的天空,苦株树的叶片已经落尽,那如同抽象画般的枝枝杈杈,在阳光下光明透彻,夸张地伸向天空。清风徐徐地吹着,驱赶着遍地卷曲的落叶。在和煦晨风中,我隐约听到从鸟巢中传出了几声小鸟幼稚的啼叫。

向着初升的太阳,孤独的"大个子"突然从胸腔里发出了一声长长的鸣叫,接着又使劲地扇动了几下翅膀,它飞走了,又开始了忙碌的一天。

目送着它愈飞愈远,我想起了这么一句话:在漫无边际的人生道路上跋涉。有时是结伴而行,失意时有人搀扶,得意时有人送来鲜花;有时却是独自行走,挫败时只有自己舔干血迹,挣扎地前行。这时候,你只能自己给自己打气,加油!桑地亚克老人说:人生来不是被打败的,没有谁能打败你,除非你自己。

我把这段话抄了下来,将它贴在树干上。署名是:我与"大个子"共勉!

一颗自尊的灵魂

他叫谢成重,家在福建省德化县,父母都是以种田为生的农民。出生不久,他不幸患上了小儿麻痹症。两岁时,他的腿骨第一次骨折,后来又相继八次骨折。双腿不仅残了,而且极度萎缩,落下终生残疾。

谢成重从小就很要强,双手穿着拖鞋,手脚并用,爬着走路。他每个月要换两双拖鞋,时间一长,双手的手掌都长出了茧。他以顽强的毅力爬进了小学,爬进了中学……2006年8月,谢成重考进了福州的一所大学。在车站告别时,他对妈妈说:"我在大学会更努力,更争气,将来一定要让妈妈过上好日子。"

大学的独立生活,对谢成重来说有许多困难,就连每次打饭,对他来说都是一次考验。他身高仅仅1.2米,双手摁在地上,磁卡举不到刷卡机的高度。他必须紧紧地抓住一旁的铁栏杆,才能"站立"刷卡和递饭盆。许多同学主动要帮他,他却坚定地说:"我想站起来!将来我要靠自己的努力站起来!"

他找人改造了一双短拐,长约0.9米。他架上拐慢慢地练习,逐渐改掉了爬行的习惯,站了起来,而且越站越稳,越走越自如。

谢成重一边刻苦学习，一边勤工俭学。他摆摊卖过鞋，到一家公司兼职卖过日用品，还开过网店，在网上卖小挂件。他没有电脑，就去网吧。第一次，他只赚到5元钱，却品尝到了收获的喜悦。他对自己说："要沿着自尊、自强、自立的路走下去，就算爬也要爬出一条路。"

每次外出打工之前，谢成重总是打上领带，擦亮皮鞋，尽力给别人展示一个良好的形象。临出门，他常对着镜子照一照，笑一笑，鼓励自己："镜子里的这个人是世界上最棒的。"

朋友问他："你的脸上为什么总是洋溢着阳光般的微笑？"他说："一张百元大钞，无论是被揉搓成一团，还是被扔进垃圾堆，它仍然有价值。一个人，无论是遭遇挫折、逆境，还是肢体残疾，也依然有自身的价值。既然每个人都有自身存在的价值，为什么不微笑呢？"

2008年，23岁的谢成重走上了寒门学子励志报告会的讲台。面对上千名听众，他说："所有的事物都有两面性，要想成功，就要多看积极的一面。与其抱怨命运中的黑暗，不如仰望头顶的阳光。假如丧失了意志，我永远只能在地上爬行。假如丢掉了尊严，我只能在街头以跪乞为生。正因为身体有残障，所以我更渴望成功人生。不要说为了我们伟大的时代和可爱的祖国，就是为了我那亲爱而可怜的妈妈，我也必须努力、努力、更努力，成功、成功、更成功。我多一分坚强，就能为妈妈多争回一分尊严……"

最后一名长跑者

镇里每年一度的马拉松比赛通常是在热浪迎面的夏季举办。我的工作就是乘坐救护车跟在选手的后面，以防有人需要救护。我和司机坐在带有空调的救护车里，跟在差不多100名运动员的后面，等待发令枪尖锐的鸣放声。

"我们要跟在最后一名选手的后面，所以你要开得慢一点。"当我们开始缓慢地向前移动的时候，我对司机多哥说。

"那我们就盼望最后一名选手快一些吧。"多哥说。

当他们开始跑的时候，前面的选手已经看不到了。就在那时我的目光被一名穿着蓝色丝质长跑短裤和一件松松垮垮的白色T恤的女选手吸引住了。

"看，多哥！"

我们知道我们已经看到"最后一名选手"了。她的脚向内拐，而左膝盖却弯向外侧。她的腿是畸形的，属于很严重的残疾。对她来说，似乎走路都是不可能的，更别说跑马拉松了。

我和多哥默默地看着她缓慢地向前移动，谁都没有说话。我们向前挪动一点，然后停下来，等她走远。然后，再慢慢地向前挪一点。

最后，她是唯一还在视线中的选手。我坐在座位边上，带着敬畏、惊奇和敬意看着她以决然的精神一点一点挪过最后的几里路。泪水从我的脸上滚落下来。

当我们终于看到终点线的时候，欢呼的观众早已离去，地上到处都是垃圾。然而，还是有一个男人无比自豪地独自挺立在那里。他的手里攥着一条皱纹纸制成的带子，带子的另一端系在一根柱子上。她慢慢地冲过终点，纸带在她的身后飘舞。

我不知道这个女人的名字，但在那一天她成为我生命的一部分——我经常寻求支撑的一部分。对于她来说，比赛的目的并不是战胜其他的选手，或者夺取一份奖品，而是完成她已经开始做的事情——不论这件事情是什么。因而，每当我觉得眼前的事情太难办、太费时间，每当我冒出"我做不了"的念头的时候，我就会想起那最后一名长跑者。然后，我就会发现，其实我面前的工作真是太简单了。

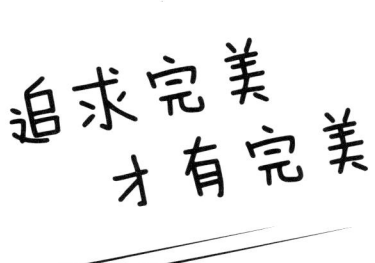

追求完美
才有完美

放弃后的另一片蓝天

2004年雅典奥运会女子体操比赛高低杠决赛紧张地进行着，俄罗斯运动员霍尔金娜一出场，就以她特有的微笑赢得了满场喝彩。霍尔金娜是一位极具体操天赋的运动员，她那修长的双腿、迷人的微笑、优美的动作，无时不在征服着观众。她自1994年参加世界体操大赛以来，先后夺得过10金9银3铜共22枚奖牌，是世界体操界公认的"高低杠女皇"。

比赛开始了，霍尔金娜轻盈地跃上高低杠，像只美丽的蝴蝶在高低杠上飞舞。忽然，一个跳转动作后，霍尔金娜出现了抓杠失误，人们的心都提到了嗓子眼，希望她能坚持住，别掉下来，可她没有坚持，掉下了器械……

比赛结束了，霍尔金娜没有落泪，也没有说一句话，撇下关注她的记者、撇下现场及电视机前成千上万等着为她夺冠喝彩的观众静静离开赛场消失了。赛后，对霍尔金娜评论的文章有很多，大多数是抨击她——你再坚持一下不就成功了吗？虽然我同大多数人一样，为霍尔金娜的表现失望，可这些年来，我仍会有意无意地浏览有关霍尔金娜的消息，我知道，平静离开赛场的她并没有就此沉寂，她积极活跃在俄罗斯的文艺及政治舞台上，不但当选了"统一俄罗斯"党国家杜马议员,而且前不久还以议员的身份到我国访问。

霍尔金娜的到来,又引起大家对她的关注,她的自传也成为大家议论的热点。在自传中,霍尔金娜详细记述了自己雅典奥运会失利的过程以及当时自己的心路——

世界轰然崩溃了。我手指松开,仿佛进入了失重状态,缓缓地从杠上掉了下来。眼前似乎是一片空白,我失掉了时间感。夺冠的狂热、情绪的波动都不复存在,观众的脸变得模糊,我的耳边突然间静下来。

我平静地离开了赛场,没有歇斯底里,也没有掉泪,我挺直身板,如同奥运金牌挂在胸前般,昂首走向出口……

读完这段文字,我不但知道了霍尔金娜当时对金牌的渴望以及她当时的失望、遗憾与冷静,而且还知道了她当时没有坚持的原因——"一个动作的不标准,很可能就会终身残疾""那么我将会成为一个谁都不需要,谁都不记得的终身残疾的人"。霍尔金娜没有坚持,她放弃了,从器械上掉了下来,她没有给自己的体操生涯画上圆满的句号,但她不是失败者。她拥有了一个健康的身体,又开始了自己新的事业,她又成功了。

可以说,是她当时的放弃铸就了她现在的成功。

追求完美
才有完美

在一望无际的雪原上，一头雪狼突然发动了对一头麋鹿的攻击。雪狼越跑越快，它距麋鹿的距离越来越近，我仿佛感觉到了浓浓的血腥气在雪原上弥漫，四溅的鲜血也将像点点桃花，残忍而美丽。

麋鹿拼命地向前跑着，蹄下的雪渐渐深了，但这并没有影响它逃奔的速度，并渐渐拉开了与雪狼的距离。在我为麋鹿庆幸之际，慢镜头揭开了麋鹿奔跑速度的秘密，因为雪很深，麋鹿的前蹄陷进去，再拔出来要比平地上所消耗的力量要多很多，但它的后蹄却都能准确地踏到前蹄踏过的足迹上，因雪已经被前蹄踏实，无疑后蹄要省下许多力气，同时也增加了后蹄的蹬力。正是这一奔跑技巧，让麋鹿成功地逃过了一劫。

而回头再看雪狼的足迹，虽然它也努力地想象麋鹿一样重叠，但每次总差一点点。正是这一点点差距，即将到手的猎物失去了，那头雪狼失望地看着麋鹿渐渐远去，又回过头长久地看着自己一路追来的足迹，是不是它也意识到了什么？

我不知道麋鹿这一逃生技巧是与生俱来的，还是后天练就的，但我相信，在生与死面前，麋鹿在完美自己逃生技巧方面的努力，肯定更胜过雪狼。

由此我想到发生在拥有全球500多家沃尔玛零售超市的富商萨姆·沃尔顿身上的一件事。沃尔顿的父亲是一名贫穷的油漆工，仅靠微薄的打工收入供沃尔顿念完高中，这一年，他有幸被美国著名的耶鲁大学录取，但他交不起学费，于是他利用假期找了份油漆工。就在他粉刷的房子即将完工时，门铃响了，他赶紧去开门，不小心被拖把绊倒，洁白的墙壁上被弹起的拖把弄上了一片脏乎乎的颜色，他立即把这片脏处切掉，重新粉刷，一切干好后，左看右看，总觉得新补去的地方和周围不一样，第二天他决定重新粉刷。这样下来，他不仅没挣到钱，还几乎赔了一些。

后来，房主的女儿知道了这件事的原委，便将这事告诉了她的父亲。房主很是感动，在女儿的要求下，房主不仅赞助沃尔顿上完大学，还答应女儿嫁给他。十多年后。沃尔顿成了这家公司的董事长。

意外吗？一个小小的瑕疵成就了一个人一生的事业，看是偶然。其实正因为沃尔顿有了完美的追求，才有了他后来完美的人生。

拍摄《麋鹿》的德国导演威兰德·立波特米勒曾经说过：完美的结果不在完美本身，而在追求完美的态度上。同样，瑕疵造就的结果也不在瑕疵本身，也同样出于对待瑕疵的态度上。

麋鹿获得了自由，沃尔顿获得了成功，在钦佩之余，其间的小小细节却值得我们永远深思。

一张特殊的购物单

朱蒂找到一份不错的工作,在一家超市当收银员。有一天早晨,一个年轻人快步来到了她所负责的出口,看上去很着急的样子。他匆匆地拿出要购买的物品,又掏出一张100面值的美元,而那些物品仅价值2.89美元。

"你有零钱吗?"朱蒂问道。

"没有,很抱歉,我身上就带了100元。"年轻人回答道。因为那时超市刚开张不久,朱蒂的抽屉里只有40美元的零钱。当然,她可以去找主管,让他负责兑换这100美元,这可要花一些时间。看得出来,眼前这位年轻人要赶时间,而且在他身后,还排着许多等待结账的顾客。

朱蒂在片刻的迟疑后,把东西和钱递给那个年轻人,然后取出自己的钱包,从中拿出了2.89美元放入了抽屉。

"什么?你确定这样吗?"年轻人很显然不敢相信眼前的情景。

"是的,先生。我看您一定有很多事情急着去做,快去吧。"

"谢谢!"那位顾客激动地说道,然后快速地离开了超市。

在朱蒂看来,这件事情到此就该结束了。然而,两天以后,她的主管拿着一个信封来到了她的面前，脸上充满着疑惑与不解。"朱蒂，我想核实一件事情。你真的在两天前为一位顾客垫付过购物款吗？"朱蒂点点头。

"好的。他给你送来了小费。不过，作为超市的员工，你知道是不能接受小费的。"

"我知道，我不会拿这笔小费。"朱蒂说道。在好奇心的驱使下，她问道："是多少钱？""他为你开了一张50美元的支票。"朱蒂不敢相信，喃喃说道："太多了吧。"

事情并没有结束。过了几天，那个年轻人又在朱蒂的通道排队。这一次是和他的父亲琼森一起来的，琼森是一家大型建筑公司的老板。

老琼森对朱蒂说道："我希望你知道，因为你那天为我儿子所做的事情，我决定将我公司的供应商，从另外一家超市转到你们超市。以后，无论我们需要什么，都将从你们超市进货。另外，我真诚地邀请你到我的公司工作，薪水是现在的5倍。"

朱蒂非常高兴地接受了老琼森的聘请。她现在是琼森公司的一名业务经理。

一直在路上

我似乎注定了要过一种在路上的生活，我有着不安分的灵魂，总想四处游荡，我的内心深处有一种呼唤，总是把我带向不可知的远方。即使让我坐在房间里，我也希望有一扇能够让我眺望遥远的地平线的窗户。

从出生到18岁，我一直在一个小村庄生活，头顶同一片天空，脚踏同一块土地，每天看到的都是相同的风景，遇到的都是熟悉的乡邻。我本来应该过一辈子平平淡淡的农村生活，娶妻生子，在土地上劳作，然后在每天迎来朝阳送走晚霞的日子中慢慢变老。但老天偏偏让我降生在长江边，又偏偏在我家的东边生成一座50米高的小山，爬上这座小山，长江便一览无余。那时候还没有污染，可以极目远眺，看得很远很远，一些船从天边过来，又消失在天边，一些云从江边来，又消失在江边，于是就开始好奇，天边外到底有什么？如果我坐上船能够到哪里呢？感谢我的几个亲戚，因为他们在上海，于是在我八岁的时候，母亲决定带我到上海走一趟。坐船半天一夜，终于到了上海。这次旅行，长江的壮阔、吴淞口的苍茫、上海的灯光、街道的繁华，给我留下了深刻的记忆。从此，我的心开始渴望旅行，长大后我要走出村庄，走向更远的地方。

我第一次坐火车是到北京去上大学，这也是我第一次看到火车。我考大学考了整整三年，自己也没弄明白是什么让我坚持了三年。现在想来，是心中那点模糊的渴望，走向远方的渴望。这种渴望使我死活不愿意在一个村庄呆上一辈子，而唯一走出村庄的办法就是考上大学。当时的农村还没有外出打工这一说，如果放到现在，我可能就是一个背上包四处游荡的打工仔了。有一段时间，我疯狂地爱上了火车，在车厢里听着车轮和铁轨撞击的强烈节奏，听着风声在车窗外呼啸而过；还有对面开来的火车那撕心裂肺的长鸣，常常把你的魂拉得很长很长。火车从一个城市穿过，走向另外一个城市，窗外的风景不断变换，我就把自己的心留在了不同的风景里。

我的大学生活是孤独和自卑的，一个农村孩子走进大城市之后的转变是深刻而痛苦的。四年大学对我来说最大的安慰就是周末可以走出校园，到北京的周围去爬山。我曾经无数次坐在香山顶上看夕阳西下，群山连绵。在大学三年级时，我得了肺结核，被送进了坐落在北京西郊山区的结核病疗养院。这个疗养院围墙尽管很高，但在楼上的房间里却能够看到周围的山。在医院的一年，我看遍了山的颜色，春的粉红、夏的青翠、秋的火红和冬的萧瑟。在医院的门口，有一座小山，山顶上刻着冯玉祥"精神不死"四个大字，我几乎每天都要去爬这座小山，对着这四个字发呆。后来身体好点后，医生允许我走出大门，我就去爬遍了每天从医院的窗户里可以看到的那些山峰。也就是在医院的这一年，我读完了《徐霞客游记》。

人需要有一种渴望，有一种梦想。没有渴望和梦想的日子使我们的生命失去活力和勇气。有很长一段时间，我差一点掉进了安于现状的陷阱里。大学毕业后，我留在北大当了老师，收入不高但生活安逸，于是娶妻生子，柴米油盐，日子就这样一天天过去，梦想就这样慢慢消失。直到有一天，我回到了家乡，又爬上了那座小山，看着长江从天边滚滚而来，那种越过地平线的渴望被猛然惊醒。于是，我下定决心走出北大校园，开始了独立奋斗的历程，在出国留学的梦想被无情粉碎之后，新东方终于出现在我生命的地平线上。从此一发不可收拾，带着我飞越地平线，新东方从一个城市走向了另一个城市，从中国走向了世界。我也带着新东方的梦想和我的渴望，从中国城市走向世界城市，从中国山水走向世界山水，从中国人群走向世界人群。

也许人在路上，这就是人生。不管你愿意不愿意，我们出生后学会的第一件事情就是走路，从此我们就走在了路上。我们一辈子走在两条路上，心灵之路和现实之路，这两条路互相补充互相丰富，心灵之路指引现实之路，现实之路充实心灵之路。当我们的心灵不再渴望越过高山大川时，心灵就失去了活力和营养；当我们的现实之路没有心灵指引时，即使走遍世界也只是行尸走肉。一年又一年我们不断走过，每一个人的生命走得如此的不同。新的一年又要来临了，你做好走在路上的准备了吗？

坎坷处的精彩

她孤身闯荡日本。独处他乡，那些曾经美好的幻想逐一被现实击打得粉碎。在她所就读的亚细亚大学里，日语说得稍微好一些的同学都先后找到了工作，在课余时间兼职做小时工，赚点生活费。中午开饭时，别人都能毫不犹豫地要上一份500日元的鳗鱼饭，而她只能吃寡淡无味、难以下咽的青咖喱。

因为一份青咖喱只需要花费250日元，便宜一半。即便这样，维持学业也成了问题，必须尽快找到一份工来缓解窘困的现状。于是，她托付几个要好的同学："如果打工的地方有空缺，别忘了给小妹妹推荐推荐。"没过几天，好消息果真传来了。那位天天吃鳗鱼饭的同学急匆匆地赶来，兴奋地说，他打工的地方正招人。快点走，不然去晚了可就没机会了！她一听，忙换上那件平时舍不得穿的蓝印花连衣裤，兴高采烈地赶去面试。

在电车上颠簸了近一个小时后，她来到了东京的大手町，一座高耸入云的摩天大楼出现在她面前。真是气派，真是壮观，能在这儿打工，环境、薪水一定差不了！那一刻，她欣喜不已，激动的心怦怦狂跳。

进入大楼，同学领着她去了地下室。是一个穿着蓝色工作服的中年男人接待了他们。同学说,他就是领导。她赶紧用生硬蹩脚的日语问好。中年人上上下下地打量着她,眼神里布满了怀疑之色。同学看出不妙,忙嘀嘀咕咕地跟他说了一大堆话。她的日语水平很差,听得稀里糊涂。似乎听到中年人说她年纪太小,可能做不了这份工。她担心即将到手的工作化为泡影,便一个劲地说:"我行,我真的能做好。你就给我一次机会吧。"

"领导说先试用一天,不过没有工资。你看——"同学无奈地看着她。她连连点头,行,行,我一定会努力,让他们留住我的。然而,她没有想到全力争取来的是一份清扫工作。直到拿起抹布时,她才明白她的任务是打扫从1楼到18楼的厕所。一听是扫厕所,她有点发懵。长这么大,就是在家里父母也不会让她做!但想想自己交了攻读语言学校的学费后已是囊中羞涩,还要为上大学积攒120万日元,大约7万5千多人民币……思来想去,她硬着头皮,拽着拖把跟在了领导的身后。

第一天上班,穿工作服的领导走在前面,亲自为新人做标准示范。这是她第一次接受日本的职业教育。在男厕所里,领导像冲洗自己使用的杯子一样,麻利而细心地把小便池擦得干干净净,洁白透亮,甚至连粘在漏口几乎看不到的一点点黄色污渍,也都细致地用指甲抠掉。当便器被清理得比他的牙齿还要白之后,他才满意地停下来。她惊讶地看到,便池上清晰地映出了领导的面孔。

领导转过身,看着她,那意思是说,必须达到这样才勉强算合格，明白吗？她苦笑着点点头，随后开始了琐细而繁重的劳作。一次又一次地擦拭，清理，冲刷……整整三个小时，她没抬过头，也没顾上直腰，汗水噼里啪啦地往下掉落。天知道她是怎么清理完18层楼房的每一间厕所的。验收合格，她拖着疲惫不堪的身子，迈着沉重的脚步走在回家的路上时，突然觉得心头一酸，眼泪不可遏制地在眼眶里打旋。但她紧咬着嘴唇，始终没让泪水落下来。

从此，每天傍晚，在这座摩天大楼里工作的职员，都会看到一个刘海齐眉、长发齐腰的中国女孩穿着蓝色的工作服，面带微笑地清扫着每一间厕所。每一个格子，每一个便池都被冲刷的一尘不染。

工夫不负有心人。靠着勤工俭学，她顺利考取了日本亚细亚大学经济学管理硕士，并担任了日本收视率最高的《今晚》节目直播主持人，取得了令人艳羡的成就。后来，为了照顾父母，她毅然放弃在日本如日中天的事业，回到中国，以其清丽、端庄的形象出境，成功主持了中央电视台举办的历届中秋晚会，元旦晚会，至今依然是《正大综艺》外景以及各类大型晚会主持人。

她就是朱迅。她的经历告诉我们：无论普通人还是名人，人生路上总会潜存着不可预知的坎坷与磨难。这些坎坷与磨难也许会让你困惑，让你流泪，但只要坚强面对，没有任何困难能打败一颗勇敢的心！

幻想是追逐梦想的途径

在13岁之前,马克都一直认为自己是一个没有足够才能的孩子。他无法将那些莫名其妙的数学题公式记住,也无法理解一篇文章的深刻含义。于是,他的学习生涯就只能如同风筝一般,由一根名叫倒数第一的线牵引着飞来飞去。

逐渐地,马克有了一个"可爱"的名字,大家都叫他"第一"。于是,原本还存有一点信心的他,开始觉得努力也成了一种荒废。

马克迷上了各种各样的电动游戏。因为只有在这个环境里,他才能找寻到自己,找寻到胜利的喜悦。在所有熟知的朋友里面,没人能够打过他。所以,在这个人人都倍感昏暗的场所里,马克却找到了光明。

当别人都把时间花费在学习上的时候,马克把时间花在了游戏里。其实,他知道这样会令自己倍加颓废,可却找寻不到更好的办法来满足自己。

13岁的第一个清晨,马克的母亲早早给他准备了生日礼物。他兴奋地打开盒子,里面是一个精致的蛋黄色胸针,胸针上绣有一个"V"形的胜利手势。

马克将胸针别在衣领上，一路欢笑着去上课。课上，尽管他一句都听不懂，可还是仔细地聆听着。毕竟，今天是他13岁的生日，得有一个好的开始。

新老师名叫杜桑。或许是因为那枚胸针的缘故，他一进门就注意到了最后一排的马克。自我介绍完毕后，他微笑着说道："我也想认识一下各位同学。那么，谁愿意第一个自我介绍一下呢？"

台下窃窃私语，却没一人主动站起身来。忽然，人群里冒出了一个声音："第一！"顿时，所有人哄堂大笑起来。一边笑，一边还朝着马克的位置高喊着："第一！第一……"

杜桑一脸茫然地看着台下的同学，问道："你们都愿意第一个介绍？但是不行，得一个一个来，要不，那多吵啊。"

"不！第一是我们班上的同学！"人群中冒出一个稚嫩的声音。

"哦？谁是第一？那就起来自我介绍一下吧。"

马克刚一站起来，大家就笑得不行。因为那个鲜黄的胸针与此时他红彤彤的脸庞形成了鲜明的对比。他清了清嗓子，想要告诉老师，他叫马克，却被久久不息的笑声掩盖了。

最后，情急的马克在众人的嘲讽声中逃出了教室。他决定，以后再也不告诉别人他叫马克了。对于他来说，这个名字都是一种耻辱。

"马克！"他一回头，看到杜桑气喘吁吁地站在了他的身后。

"你怎么会知道我名字？"马克惊讶地看着他。

"因为你的名字和这胸针一样特别，所以我只听一遍就记住了。"杜桑说完，上前摸了摸他的胸针。

"真的吗？"马克第一次听到别人的夸奖，有些羞涩。

得到认可后的他，很快与杜桑愉快地聊了起来。当杜桑问及他的梦想时，他却忽然沉默了。经过再三的鼓励，他才说出，他的梦想是能考上《独立宣言》起草人之一托马斯·杰斐逊创建的弗吉尼亚大学。可话还没说完，他就马上补充了一句："我知道那绝对不可能！"

杜桑轻声地跟他说："你现在考不上，但你可以幻想。你先别去看弗吉尼亚大学是什么模样，先在心中幻想一个你自己的弗吉尼亚大学。接着再幻想几年以后，你会是以什么样的装扮，什么样的神情进入弗吉尼亚大学，进入时遇见了哪些最崇敬的教授……"

杜桑把该幻想的细节不厌其烦地重复了几遍，要他每天早上起床后花五分钟的时间幻想这些，越细越好。

从此，小小的马克开始了自己遥远的幻想旅程。每天起床后的这五分钟，成了他一天里最美妙的时刻。他经常会产生一种奇怪的错觉——自己是否真的就在弗吉尼亚大学？虽然在很多优等生的眼睛里，弗吉尼亚大学并非他们的第一目标。可对于马克来说，这曾经是他连想都不敢想的圣地。

五年之后，当马克接到弗吉尼亚大学的录取通知书时，忽然明白了杜桑的良苦用心。

对于一个孩子来说，幻想可能是他追逐梦想的唯一途径。而正是这样的途径才让他明白了，原来梦想本是如此之近，近到就在自己的眼睛里。

成就他们一生的一句话

[如果有什么事情值得去做,就得把它做好。]

沃尔特·克朗凯特是美国著名的电视新闻节目主持人,他从孩提时代就开始对新闻感兴趣。并在14岁的时候,成为学校自办报纸《校园新闻》的小记者。

休斯敦市一家日报社的新闻编辑弗雷德·伯尼先生,每周都会到克朗凯特所在的学校讲授一个小时的新闻课程,并指导《校园新闻》报的编辑工作。有一次,克朗凯特负责采写一篇关于学校田径教练卡普·哈丁的文章。由于当天的一个同学聚会,于是克朗凯特敷衍了事地写了篇稿子交上去。第二天,弗雷德把克朗凯特单独叫到办公室,指着那篇文章说:"克朗凯特,这篇文章很糟糕,你没有问他该问的问题,也没有对他做全面的报道,你甚至没有搞清楚他是干什么的。"接着,他又说了一句令克朗凯特终生难忘的话:"克朗凯特,你要记住一点,如果有什么事情值得去做,就得把它做好。"

在以后70多年的新闻职业生涯中,克朗凯特始终牢记着弗雷德先生的训导,对新闻事业忠贞不渝。

[男孩子能做的事，女孩子也绝对都能做。]

　　雅芳公司女总裁钟彬娴的母亲是一位非常优秀的女性。她早年曾就读于加拿大的多伦多大学，当时，她是班上唯一的一名就读化学专业的女生。

　　钟彬娴的母亲希望女儿也能像她一样，自强自立。因此，她经常教导钟彬娴说："男孩子能做事，女孩子也绝对都能做。只要努力，女人无论在哪个领域都能到达顶峰。"

　　钟彬娴永远记住了母亲的这句话。在雅芳公司，她一步步地获得成功，并最终成为《财富》500强企业中的6位女总裁之一。当然，在前进的道路上，钟彬娴也曾遇到过许多困难与阻力，如因为她的年轻和性别而被轻视等。但母亲对她自己、对女儿以及对所有女性的坚定的信心，总是支撑这钟彬娴去克服这些障碍，勇往直前。钟彬娴很庆幸自己能够拥有这样一份宝贵的家庭财富。

[只管去干活就行了，然后拿着钱回家来。]

　　托妮·莫里森是美国著名黑人女作家，1993年诺贝尔文学奖获得者。在莫里森的少年时代，由于家境贫困，从12岁开始，每天放学以后，她都要到一个富人家里打几个小时的零工，十分辛苦。一天,她因工作的事向父亲发了几句牢骚。父亲听后对她说:"听着,你并不在那里生活。你生活在这里。在家里,和你的亲人在一起。只管去干活就行了,然后拿着钱回家来。"

莫里森后来回忆说,从父亲这番话中,她领悟到了人生的四条经验:一是无论什么样的工作都要做好,不是为了你的老板,而是为了你自己;二是把握你自己的工作,而不让工作把握你;三是你真正的生活是与你的家人在一起;四是你与你所做的工作完全是两回事,你该是谁就是谁。

在那之后,莫里森又为形形色色的人工作过:有的很聪明,有的很愚蠢;有的心胸宽广,有的小肚鸡肠。但她从未再抱怨过。

金子不只在河对岸

学校最近组织了一次论坛活动，邀请到的嘉宾是国内一位出色的企业家。在互动环节，同学们自然更多地提到在金融危机中如何更好地就业和创业的问题。

企业家说："那我提一个问题，看在座的同学们怎么回答。假如一条大河的对岸刚发现了一座大的金矿，但是河水很深，而你们又不会游泳，你们又渴望得到一大笔财富，那你们该怎么办呢？"

有人说："绕到河水浅的地方再过河。"有人说："练习游泳，练会了再游过去。"也有人说："造条船，能过河就行。"还有人说："建一座桥，就可以到达河的对岸了。"

企业家点点头，微笑着说："你们说得都不错，你们的目的是为了过河，绕到河水浅的地方过河也未尝不可，但是一条大河，你知道浅水处在什么地方呢？这样找很浪费时间，有时候成功是要有一点儿冒险精神的，太保守反而错过良机。练习游泳也行，但当你学会了游泳并且真正能够游到对岸去时，估计一切都晚了，机会来了不抓住，那机会就会溜走的。造船、建桥也可以，但你想想，造一条船、建一座桥需要多大成本，需要多少时间呢？"

"毕竟有的人很善于游泳，人家已经在第一时间游到对岸，对岸的金子已经被人提前注册了商标、申请了专利。"

"比尔·盖茨就是一个善游者，他最先发现了财富并且最先游到对岸去，金子已经被比尔·盖茨拿走了。"企业家有些开玩笑地说。

"真正的金子只能被少数的天才拥有。"

看着同学们有些失望的眼神，企业家接着说："或许你们不是天才，但是只要你们肯动脑筋，转过弯来，也一定会有很多成功的道路。"

"金子已经被比尔·盖茨拿走了，如果这时候你就灰心丧气、打退堂鼓，那注定你要两手空空、一无所有。"

"那么这时候你们发现机会了吗？"企业家顿了顿，接着说："汲取了不会游泳而失去财富的教训，那么机会来了，你可以开游泳馆，请人教授游泳，你一样也可以发财的。还有造船的应继续造船，建桥的也应继续建桥，人家比尔·盖茨有很多金子，也需要过河，你可以向他收过路费，一样也可以赚大钱的。然后你们再看，造船也需要木材商，建桥还要水泥商……机会还有很多很多。"

"比尔·盖茨拿走了金子，他同样也要分一些给你们。所谓成功之路千千万，只要你们不用非法的手段和他硬抢金子，而是另辟蹊径，让他自愿送给你金子……"

保持钓蝴蝶的纯真

我的邻居中有一对喜欢垂钓的夫妇，却有一个7岁的不爱钓鱼的小女儿。每到周末，经常可听见那个小女孩委屈的哭声。

记得那是个云淡风轻的午后，正被一些资料弄得焦头烂额的我听到一阵银铃般的欢笑声，我寻声抬头望见邻居的阳台上伸出一根精致的钓鱼竿，末端垂挂的竟是一朵盛开的娇艳的玫瑰。有一只五彩斑斓的蝴蝶正绕着那朵玫瑰花翩翩起舞，手握钓竿的是那"不爱钓鱼"的可爱小姑娘。我好奇地问她在干什么？小姑娘高兴地说："我用玫瑰花钓到了一只美丽的蝴蝶。"

我的心猛的一震，记起了小姑娘曾悄悄对我说过她喜欢垂钓，喜欢和父母一起欣赏那美丽的郊外风光。但是她不忍心看到尖锐的钓钩刺破鱼儿的嘴，所以，每一次她都宁愿选择独自留在家中。

我又望了一眼那小女孩，午后的阳光正斜照在她的脸上，她如天使般可人。而那条悬挂在半空的玫瑰花，默默地散发着幽幽的甜香，就像一颗纯洁的童心在金色的阳光下闪闪发光，又如一泓碧水——清澈见底。

选择一朵花做诱饵，只可能吸引一些蝴蝶和小蜜蜂，却依然可钓到心满意足的美丽和欢乐。不知在这个浮华喧嚣的现实生活中，究竟还有几个人依旧保持着那份纯真，选择这条云淡风轻、充满阳光的欢乐之路。

走好人生的独木桥

弗洛姆是美国一位著名的心理学家。一天。几个学生向他请教：心态会对一个人产生什么样的影响？

他微微一笑，什么也不说，就把他们带到一间黑暗的房子里。在他的引导下，学生们很快就穿过了这间伸手不见五指的神秘房间。接着弗洛姆打开房间里的一盏灯，在这昏黄如烛的灯光下，学生们才看清楚房间的布置，不禁吓出了一身冷汗。原来，这间房子的地面就是一个很深很大的水池，池子里蠕动着各种各样的毒蛇，包括一条大蟒蛇和三条眼镜蛇，有好几条毒蛇正高高地昂着头，朝他们"滋滋"地吐着信子。就在这蛇池的上方，搭着一座很窄的木桥，他们刚才就是从这座木桥上走过来的。

弗洛姆看着他们，问："现在，你们还愿意再次走过这座桥吗？"大家你看着我，我看着你，都不做声。

过了片刻，终于有个学生犹犹豫豫地站了出来。其中一个学生一上去，就异常小心地挪动着双脚，速度比第一次慢了好多倍；另一个学生战战兢兢地踩在小木桥上身子不由自主的颤抖着，才走到一半，就挺不住了；第三个学生干脆弯下身来，慢慢地趴在小桥上爬过去了。

"啪"。弗洛姆打开了房内另外几盏灯,强烈的灯光一下子把整个房间照耀得如同白昼。学生们揉揉眼睛再仔细看,才发现在小木桥的下方装着一道安全网,只是因为网线的颜色极暗淡,他们刚才都没有看出来,弗洛姆大声地问:"现在你们当中还有谁愿意走过这座桥?"

学生们没有作声,"你们为什么不愿意呢?"弗洛姆问道。"这张安全网的质量可靠吗?"学生心有余悸地反问。

弗洛姆笑了:"我可以解答你们的疑问了,这座桥本来不难走,可是桥下的毒蛇对你们造成了心理威慑。于是,你们就失去了平静的心态,乱了方寸,表现出各种程度的胆怯——心态对行为当然有影响的啊。"

其实人生又何尝不是如此呢?在面对各种挑战时,也许失败的原因,不是因为势力单薄,不是因为智能低下,也不是没有把整个局势分析透彻,而是把困难看得太清楚,分析得太透彻,考虑得太详尽,才会被困难吓倒,举步维艰。倒是那些没把困难完全看清楚的人,更能够勇往直前。

如果我们在勇过人生的独木桥时,能够忘记背景,忽略险恶,专心走好自己脚下的路。我们也许能更快地到达目的地。

危难时的镇静

歹徒冲进教室的时候，老师正在给一群七八岁的孩子上课。孩子们仰着柔嫩的小脸儿，像朵朵盛开的葵花。窗外阳光明媚，世界安宁。

但歹徒出人意料地冲进来了，就近抓住一个男孩，从身后抽出一把明晃晃的刀来，大吼道，不许乱动！讲台前的老师稍一愣怔，随即明白了，他们被歹徒当做人质劫持了。

教室里有了小小的惊慌。老师的脸上，却现出微笑来，那微笑明亮如灯，照亮孩子们的心。她的眼光一一扫过孩子们可爱的脸，而后温柔地说，同学们不要怕，这是在拍《小鬼当家》呢。

是拍戏呀，孩子们立即兴奋起来，原先的惊慌一扫而空。

老师转而语气平缓地跟歹徒讲条件，可不可以用她替换下他手上的孩子？歹徒想想，没同意。老师又提第二个条件，可不可以让其他的孩子出去？歹徒沉默良久，同意了。

于是老师让孩子们排好队，手拉手地出教室。整个过程中，没有任何的吵嚷，没有任何的混乱，孩子们很听话很安静地配合着，以为真的是在拍《小鬼当家》的戏。

争取到时间的老师报了警，警察迅速包围了学校，一切都在静静中进行着。

　　两小时后，歹徒被擒，被抓住当人质的孩子安然无恙。当那个孩子从人质那儿被解救出来时，他的神态是轻松的，甚至是快乐的。他一直以为是在拍戏，离开歹徒时，他还天真地安慰那个歹徒，叔叔，我不怕拍戏，你也不要怕。

　　一场隐伏的悲剧，就这样被那个老师的镇静，消弭于无形之中。她用她的镇静，最大限度地保护了可爱的童心，她让他们继续无忧地如花盛开。窗外，春光依旧明媚，世界依旧安宁。

飞越人生的巅峰

第一次我被这样的电视画面所深深震撼,第一次我和主持人王雪纯一样流下了感动的泪水。这是中央电视台《我们的地球》中讲述的一个故事。

喜马拉雅山被称为世界的屋脊,据说是"鸟儿都飞不过的高山"。每10个攀登喜马拉雅最高峰——珠穆朗玛峰的人中就有一个丧命,即使成功登上了顶峰,待的时间也不能长。

但是,每年却有5万只蓑羽鹤飞越了喜马拉雅山,因为它们要到达在印度的越冬地。

这是地球上最艰难的迁徙。上午,狂风在山峰上呼啸,蓑羽鹤必须飞到足够的高度才能躲过风暴,但是它们遇到了强烈的气流,只好返回,否则就是死亡。新的一天,新的机会。它们彼此靠得很紧,互相呼唤着。由于缺乏食物和水,它们已经很虚弱,它们利用上升的暖气流帮助自己升高。对于许多蓑羽鹤来说,这是它们第一次飞越喜马拉雅山,而对于其中一些来说,这也是它们最后一次,因为有一种猛禽——金雕一直在等待着它们。金雕一对一对地配合着,把年轻的蓑羽鹤从鹤群中分开,然后,伺机抓住一只,成为它们的口腹之食。面对不断丢失的伙伴,其他蓑羽鹤只能无奈地继续飞行。

恶劣的气候、残酷的围追堵截并未打消蓑羽鹤飞越喜马拉雅的决心，它们向最高峰发起冲刺，尤其是到了最后的上升阶段，每扇动一次翅膀都显得非常吃力。但是最后，它们终于飞过了喜马拉雅，跨越了最大的障碍。蓑羽鹤是鹤类中体型最小的一种，然而在它的体内却聚集着巨大的能量，这不能不让我们发出阵阵惊叹。

看了这个片子，不由得让我想起一个人，一个农民。

他叫刘远书，一位普通农民，只有初中文化。2002年刘远书在电视节目中受到启发，对地球自转的原因产生了浓厚的兴趣，经过3年的探索和研究，撰写出一篇万余字的论文，发表在《发现》杂志并引起了轰动，得到了科学界的重视。他也因此成为在人民大会堂举行的"世界杰出华商大会"中唯一的农民参会者，并在大会中发表演讲20分钟，突破了大会规定的10分钟的限制。在中央电视台《乡约》栏目中，刘远书作为特约嘉宾谈了自己的经历，当谈到妻子外出打工支持他，还剪去一头长发卖了换药给他喝的时候，忍不住掉下了眼泪。

蓑羽鹤让我们知道，喜马拉雅山并不是"鸟儿都飞不过的高山"；刘远书却告诉我们，一位普通农民同样可以攀登科学的高峰！

是的，心有多高，天就有多高。正如拿破仑所说："一个人能飞多高，并非由人的其他因素决定，而是由他自己的心态所致。"在这个世界上,许多人缺少的并不是幻想,而是脚踏实地的努力。在每个人面前,也许都会横亘着许多"喜马拉雅",许多人之所以难以飞越,缺乏的或许仅仅是一种坚强、一份韧性和一份执着而已。

老板的选择

公司保卫科有甲、乙、丙三个人,老科长退休了,要从他们当中提拔一个做科长。

那天,公司发生一起火灾,由于保卫人员及时抢救,火灾没有给公司造成太多损失。老板事后论功行赏。

甲奋不顾身,带人抢出了公司的重要资料和物资,头发都被火燎了。乙及时开了消火栓灭火,并且报了火警,衣服都破了。老总说他们是好样的,要全体员工向他们学习,奖给甲1000元钱,奖给乙800元钱。

出人意料的是,老总竟然宣布丙做保卫科长。当时丙待在家里,毫发未损。众人不解,为什么要提拔丙做科长呢?

老板说:"因为他和我吵了一架,生气了才待在家里的。"

众人更是一头雾水:丙目无纪律,目无领导,那更不能提拔啊。

面对众人的疑惑,老板抿了一口茶,缓缓地说道:"那天,他找我反映公司的消防隐患,要求我立即整改。我说公司里正忙着,等这阵子忙过再说吧。他生气了,就撂了担子。假如我当时听他的,就不会有这场火灾,没有一点损失。你们说他的功劳是不是最大的?"

众人都明白了,老板看重的是丙对工作的责任心,而不是甲、乙在事故发生后的表现。

一斤米的选择

一青年向一禅师求教。

"大师,有人赞我是天才,将来必有一番作为;也有人骂我是笨蛋,一辈子不会有多大出息。依您看呢?"

"你是如何看待自己的?"禅师反问。

青年摇摇头,一脸茫然。

"譬如同样一斤米,用不同眼光去看,它的价值也就迥然不同。在炊妇眼中,它不过做两三碗大米饭而已;在农民看来,它最多值1元钱罢了;在卖粽子人的眼里,包扎成粽子后,它可卖出3元钱;在制饼者看来,它能被加工成饼干,卖5元钱;在味精厂家眼中,它可提炼出味精,卖8元钱;在制酒商看来,它能酿成酒,勾兑后,卖40元钱。不过,米还是那斤米。"

大师顿了顿,接着说:"同样一个人,有人将你抬得很高,有人把你贬得很低,其实,你就是你。你究竟有多大出息,取决于你到底怎样看待自己。"

青年豁然开朗。

别让思维偷懒

一位教授正向学生们讲述一个故事。

一个聋哑人，到五金店买钉子。他左手做持钉状，右手对着左手作锤打状。售货员拿来了一把锤子，聋哑人摇摇头，随后用右手指了指左手。售货员恍然大悟，于是赶紧拿来了钉子，聋哑人心满意足地走了。聋哑人刚走，店里来了一位盲人……

讲到这里，教授突然停了下来，向学生们提问题："你们说，这个盲人将用什么办法简单而快捷地买到一把剪刀呢？"

话音刚落，一位学生便站了起来，声音洪亮地回答道："他只要伸出两根手指作剪东西状就可以了。"

其他学生纷纷表示赞同。

教授咳嗽了一声说道："都错啦，其实他只要开口说一声就行了！"

不错，思维也是会趁机偷懒的。所以，当你越是认为自己的分析有条不紊、丝丝入扣，肯定不会有问题时，你越要加倍保持思维的警惕性。说不定，在你最得意的时候，你深信不疑的思维会欺骗你！

唯一的那个人

母亲真的老了,变得孩子般缠人,每次打电话来,总是满怀热诚地问:"你什么时候回家?"

且不说相隔一千多里路,要转三次车,光是工作、孩子已经让我分身乏术,哪里还抽得出时间回家。母亲的耳朵不好,我解释了半天,她仍旧热切地问:"你什么时候能回来?"

几次三番,我终于没有了耐心,在电话里冲母亲大声嚷嚷,她终于听明白,默默挂了电话。隔几天,母亲又问同样的问题,只是那语调怯怯地,没有了底气,像个不甘心的孩子,明知问了也是白问,可就是忍不住。我心一软,沉吟了一下。

母亲见我没有烦,立刻开心起来。她欣喜地向我描述:"后院的石榴都开花了,西瓜快熟了,你回来吧。"

我为难地说:"那么忙,怎么能请得上假呢!"她急急地说:"你就说妈妈得了癌,只有半年的活头了!"我立刻责怪她胡说,她呵呵地笑了。小时候,每逢刮风下雨,我不想去上学,便装肚子疼,被母亲识破,挨了一顿好骂。现在老了,她反而教着女儿说谎了,我又好气又好笑。

这样的问答不停地重复着,我终于不忍心,告诉她下个月一定回去，母亲竟高兴得哽咽起来。可不知怎么了，永远都有忙不完的事，每件事都比回家重要，最后，到底没能回去。

电话那头的母亲，仿佛没有力气再说一个字，我满怀内疚："妈，生气了吧？"母亲这一回听真了，她连忙说："孩子，我没有生你的气，我知道你忙。"

可是没几天，母亲的电话催得越发紧了。她说，葡萄熟了，梨熟了，快回来吃吧。我说，有什么稀罕，这里满大街都是，花个十元八元就能吃个够。母亲不高兴了，我又耐下性子来哄她："不过，那些东西都是化肥和农药喂大的，哪有你种的好呢。"母亲得意地笑起来。

星期六那天，气温特别高，我不敢出门，开了空调在家里待着。孩子嚷嚷雪糕没了，我只好下楼去超市买。在暑气蒸腾的街头，我忽然就看见了母亲的背影。看样子她刚下车，胳膊上挎着个篮子，背上背着沉甸甸的袋子，她弯着腰，左躲右闪着，怕别人碰了她的东西。在拥挤的人流里，母亲每走一步都很吃力。我大声地叫她，她急急抬起满是热汗的脸，四处寻找，看见我走过来，竟惊喜地说不出话来。

一回到家，母亲就喜滋滋地往外捧那些东西。她的手青筋暴露，十指上都缠着胶布，手背上有结了痂的血口子。母亲笑着对我说："吃呀，你快吃呀，这全是我挑出来的。"

我这没有出过远门的母亲，只为着我的一句话，便千里迢迢地赶了来。她坐的是最便宜、没有空调的客车，车上又热又挤，但那些水灵灵的葡萄和梨子都完好无损。我想象不出，她一路上是如何过来的，我只知道，在这世上，凡有母亲的地方就有奇迹。

母亲只住了三天，她说我太辛苦，起早贪黑地上班，还要照顾孩子，她干着急却帮不上忙。城里的厨房设施，她一样也不敢碰，生怕弄坏了。她自己悄悄去订了票，又悄悄地一个人走。

才回去一星期，母亲又说想我了，不住地催我回家。我苦笑："妈，你再耐心一些吧！"第二天，我接到姨妈的电话："你妈妈病了，你快回来吧。"我急得眼前发黑，泪眼婆娑地奔到车站，赶上了最后一趟车。

一路上，我心里不住地祈祷。我希望这是母亲骗我的，我希望她好好的。我愿意听她的唠叨，愿意吃光她给我做的所有饭菜，愿意经常抽空来看她。此时，我才知道，人活到八十岁也是需要母亲的。

车子终于到了村口，母亲小跑着过来，满脸的笑。我抱住她，又想哭又想笑，嗔怪道："你说什么不好，说自己有病，亏你想得出！"受了责备的母亲，仍然无限地欢喜，她只是想看到我。

母亲乐呵呵地忙进忙出，摆了一桌子好吃的东西，等着我的夸奖。我毫不留情地批评："红豆粥煮糊了；水煎包子的皮太厚；卤肉味道太咸。"母亲的笑容顿时变得尴尬，她无奈地搔着头。我心里暗笑，我知道，一旦我说什么东西好吃，母亲非得逼我吃一大堆，走的时候还要带上，就这样，我被她喂得肥肥白白，怎么都瘦不下去。而且，不贬低她，我怎么有机会占领灶台呢？

我给母亲做饭，跟她聊天，母亲长时间地凝视着我，眼里满是疼爱。无论我说什么，她都虔诚地半张着嘴，侧着耳朵凝神地听，就连午睡，她也坐在床边，笑眯眯地看着我。我说："既然这么疼我，为什么不跟着我住呢？"她说住不惯城里的高楼。

没待几天，我就急着要回去，母亲苦苦央求我再住一天。她说，今早已托人到城里买菜了，一会儿准能回来，她一定要好好给我做顿饭。县城离这儿九十多里路，母亲要把所有她认为好吃的东西都弄回来，让我吃下去，她才能心安。

从姨妈家回来的时候，母亲精心准备的菜肴，终于端上了桌，我不禁惊诧——鱼鳞没有刮尽、鸡块上是细密的鸡毛、香油金针菇里居然有头发丝。无论是荤的还是素的，都让人无法下箸。母亲年轻时那么爱干净，如今老了竟邋遢得这样。母亲见我挑来挑去就是不吃，她心疼地妥协了，送我去坐夜班车。

天很黑，母亲挽着我的胳膊。她说，你走不惯乡下的路。她陪我上了车，不住地嘱咐东嘱咐西，车子都开了，才急着下去，衣角却被车门夹住，险些摔倒。我哽咽着，趴在车窗上大叫："妈，妈，你小心些！"她没听清楚，边追着车跑边喊："孩子，我没有生你的气，我知道你忙！"

这一回，母亲仿佛满足了，她竟没有再催过我回家，只是不断地对我说些开心的事：家里又添了只很乖的小牛犊；明年开春，她要在院子里种好多好多的花。听着听着，我心里一片温暖。

到年底，我又接到姨妈的电话。她说："你妈妈病了，快回来吧。"我哪里相信，我们前天才通的话，母亲说自己很好，叫我不要挂念。

姨妈只是不住地催我，半信半疑的我还是回去了，并且买了一大袋母亲爱吃的油糕。

车到村头的时候，我伸长脖子张望着，母亲没来接我，我心里忽然就有了种不祥的预感。

姨妈告诉我，给我打电话的时候，母亲就已经不在了，她走得很安详。半年前，母亲就被诊断出了癌症，只是她没有告诉任何人，仍和平常一样乐呵呵地忙里忙外，并且把自己的后事都安排妥当了。姨妈还告诉我，母亲老早就患了眼疾，看东西很费劲。

我紧紧地把那袋油糕抱在胸前，一颗心仿佛被人挖走。原来，母亲知道自己剩下的日子不多了，才不住地打电话叫我回家，她想再多看我几眼，再和我多说几句话。原来，我挑剔着不肯下箸的饭菜，是她在视力模糊的情况下做的，我是多么的粗心！我走的那个晚上，她一个人是如何摸索到家，她跌倒了没有，我永远都无从知道了。

母亲，在生命最后的时光里，还快乐地告诉我，牵牛花爬满了旧烟囱，扁豆花开得像我小时候穿的紫衣裳。你留下所有的爱，所有的温暖，然后安静地离开。

我知道，你是这世上唯一不会生我气的人，唯一肯永远等着我的人，也就是仗着这份宠爱，我才敢让你等了那么久。

最潇洒的第一夫人

世界上最酷的总统夫人，应该是西西莉亚了。

她是史上任期最短的总统夫人。沙克吉选上法国总统之后不久，她就决意要离婚了。

她很美。身高一七八，50岁，曾经当过模特儿的她，仍然美得耐人寻味。当她在总统就职典礼，带着她与前夫生的两个女儿、总统与前妻生的两个儿子、还有她和总统生的一个儿子——5个漂亮的金发少年，穿着Prada的洋装出现在法国人民眼前时，每个法国人，几乎都爱上了这一个梦幻家庭。

没有人觉得她过去的绯闻值得计较。

她曾经是沙克吉的外遇对象。传闻现任总统在担任市长时，曾经替她和她的前夫——一位法国电视界名主持人主婚，当场他就爱上了美丽的新娘，心想，她跟我才是真正的一对。

沙克吉从那天之后就疯狂追求新娘，两人陷入爱河，弄得双方伴侣精神崩溃。

两人终于都离了婚，终成眷属。有20年的时间，她为了他的政治前途尽力。这几年来，他的仕途越来越成功，她的绯闻也渐渐多了。

她还曾经和一个情人私奔纽约，不管他人争议。回国之后，努力帮丈夫助选。

她还飞到了利比亚，从死神手中营救了6个医护人员，勇气令人喝彩。

当法国人将她视为他们的"黛安娜"王妃时，她离了婚，说：我妈要我挺直背脊，永远要带着高贵气质，我不能说谎。

就算曾经爱过，不爱就是不爱了。她一点也不吝惜总统夫人这个角色。

美国总统邀请沙克吉家人进餐，她拒绝参加，宁可和朋友们在一起闲聊，照片被狗仔队们拍到了，她也不在乎。要与不要，都由她决定。

她应该是史上最自我、最有个性的第一夫人。

这样的女人，大概只有在法国才能出产。法国人，是接受最传统的，也容纳最反传统的，他们可以从每个极端中寻找终极的美感。

或许你很难为多变的西西莉亚喝彩，然而有谁的一生，敢这样的为自己的意愿而活？敢这样离经叛道地爱？敢这样潇洒地在最华丽的位子上离开？

站好自己的位置

如果你一直向上看,就会觉得自己一直在下面;如果你一直向下看,就会觉得自己一直在上面。如果一直觉得自己在后面,那么你肯定一直在向前看;如果你一直觉得自己在前面,那么你肯定一直在向后看。

目光决定不了位置,但位置却永远因为目光而不同。关键是,即使我们处于一个确定的位置上,目光却依然可以投往任何一个方向。

只要我们安心于自己的位置,那么周围的一切就会以我们为中心,或是离我们而去,或是冲我们而来,或是绕着我们旋转,或是对我们静默;如果我们惶惶不可终日,始终感到没有一个合适的位置,那么周围的一切都会变成主人,我们得跑前跑后地侍候着,我们得忽左忽右地奉承着,我们得上蹿下跳地迎合着,我们得内揣外度地恭维着。

珠穆朗玛峰在攀登者心中的形象并非它的位置,而是它的高度。只要是金子,放在哪里,哪里就是金子的位置。伟大的人,总是位置在选择他;平庸的人,才东张西望地选择位置。

位置本身其实并没有多少差别,但不同位置上的人在审视同一个物体时却往往会有不同的印象。

在演员上的位置上时,就要学会表演;在观众的位置上时,就要学会欣赏。社会是个大舞台,而我们总是分不清我们到底是在表演还是在欣赏。或许,生活本来就是要我们以观众的心态去表演,以演员的心态去欣赏,或许,这正好能够检验一个人随时调整与适应的能力。

站在父母的位置上,就能多一份爱心和耐心,多一份永不熄灭的希望;站在儿女的位置上,就能多一份真情和深情,多一份永不消减的愧疚。人生大概真是为了使每个人都体会一下这种希望与愧疚交织的心情,才安排我们做了一段时间的儿女后,马上又让我们去做了父母。

只有处在别人的位置上时,也许才会理解别人,才会留恋自己的位置。一个既不理解别人,又对自己的位置毫不留恋的人,就很难在别人的心目中有什么位置。当然,这同时也意味着,任何时候都不要以自己的位置炫耀自己,任何时候都不要以别人的位置贬低别人。

人生脚步
不能停

太早得到
的负担

半个月的公休假,我打算从布拉格开始,一路沿着维也纳、萨尔斯堡、慕尼黑往西自助旅行。隔天我就飞到了布拉格。

到了布拉格才安顿好,一出门逛街,我就碰到了那只玩具熊。那是一只比我还要高的玩具熊,毛茸茸的。我站在那里,简直看得着迷了。开口问老板,才知道玩具熊是飞镖游戏"连中三元红心"的头奖,只送不卖的。我叹了一口气,心想哪可能连中三元?我转身就走,才走了两步,又不甘心地回头了。我告诉自己,至少试试看嘛。

一元美金射四支飞镖。我买了四支飞镖。四支飞镖射完,不要说靶心了,连靶子都没有射到。不过说也奇怪,四支飞镖之后,我忽然有一种知道飞镖该怎么射了的感觉。我又买了四支飞镖,用力一射,我的直觉果然没错,三支正中红心,没中红心的那支也相当接近了。

"我赢了!"我兴奋得又叫又跳,"我赢了!"连老板也用一种不可思议的眼光惊讶地看着我。就这样,我抱着一只超大的玩具熊走在布拉格古城里,每个人都看着我。本来我还蛮享受这样的目光,可是不久我就感觉到麻烦了。我抱着玩具熊走到邮局去，试图打包邮寄回国内。我和捷克的邮政人员当场比手画脚，又丈量了半天，直到我看见他们开出来的包裹邮寄费用才罢休。详细价格我记不清了，反正是一个叫我差点昏倒的价格。

我又抱着玩具熊从邮局走了出来。邮费够我在国内买十只同样的玩具熊了。问题是国内的玩具熊没有欧洲玩具熊可爱。再说，把这么可爱的玩具熊丢在欧洲实在让人有种始乱终弃的罪恶感。

我只好顶着欧洲毒辣的阳光，从布拉格、维也纳、萨尔斯堡玩到慕尼黑，一路都抱着玩具熊。玩具熊又胖又长，根本无法折叠，也无法装箱，更无法行李托运，因此，不管是搭乘任何交通工具，我都得大费周章，有时甚至被要求为玩具熊买票。我经常被搞得精疲力竭，还得不时应付冲过来抠抠摸摸的儿童。总之，这趟欧洲之旅，我真是被它整惨了！

回到国内，才突然想起，我要是在慕尼黑才赢到大玩具熊多好，那样的话，一路上会省去多少烦恼！原来，生命中很多东西，得到太早，其实是个负累，是个耗费。

爱情的平衡点

朋友传给我一个网络笑话：一对恩爱甚笃的夫妇正庆祝他们的金婚日，看热闹的中年邻居问老先生：为什么你们可以维持50年的婚姻？打从我出生起，就未曾听过你们吵架的声音，难道你们之间从来没有任何的争执？

老先生说："争执当然是有的，不过都不会扩大。我从蜜月旅行的时候，就懂得这个道理了。那时交通不便，我们到大峡谷去度蜜月，一个人雇一匹驴子，她的驴子显然好吃懒做，没走多久就赖在路边休息，我只听到我太太冷冷地说：第一次……驴子第二次想偷懒的时候，她指着驴子说：这是第二次……当驴子第三次不肯走的时候，她不慌不忙地掏出她的左轮手枪把它毙了。"

"夫人真是太残忍了！"

"可不是吗？我看不过去，停在路边指责她的不是，她并不跟我争辩，只是冷冷地对我说：第一次……"

有些天长地久的婚姻是靠"恐怖平衡"来维持的。

我曾经看过一对棋逢对手的夫妻，先生脾气暴躁，动不动就对老婆说："你不满意，随时可以走，孩子房子都是我的。"

而老婆也不是省油的灯，她也三不五时地警告老公："你耍帅没关系，但如果你敢有外遇，我就在半夜割掉你的命根子！"两人口出恶言已习以为常，但婚姻还是在某种暴力的韵律感中逶迤进行，如今也已度过了20个年头。

恐怖平衡可以维持两边的"偏安"局面，但无论如何，是不会让人有幸福感或安全感的。

在男女不平等的时代，人们对婚姻的看法是"男主外，女主内"，其实，每个人各有所主，要求的也是一种"平衡感"。看阿公阿嬷们的婚姻实例吧，如果他们各有所主，通常婚姻就没多大问题，顶多伴随着小吵小闹过一辈子；如果出现了一个什么都管的强男人，连家里的事情都要巨细靡遗地控制，老婆连使用私房钱及家用的权利都没有，他做得再多，她都会唉声叹气。相反的，如果老婆是女强人，除了家里头，还要管起丈夫的营生，那男人再怎么享福都会心生怨尤，总可以找出老婆讨他厌的地方。

平衡感也随着时代的要求，有不同的内涵。现代爱情中，平衡感一样重要。失去平衡的恋爱，很难长长久久。

一个男人刚开始可能会喜欢一个小鸟依人、一切以他马首是瞻的女孩，但日子久了，他会觉得她怎么那么没主见，连要买什么颜色的手机也要问我，难道她没有自己的判断能力吗？

一个女人刚开始也可能喜欢一个管东管西、"如父如兄"的男人，他对她的好，使她很陶醉。不多久，她会发现自己失去了自由，对他咆哮道："你可不可以不要把我当成你的宠物？"

失去了平衡，爱得无微不至，就变成了烦；好事做尽，变成爱管闲事。

爱，到底也要让你爱的人在两性关系中找到他的长处、他可以发挥的地方。也许他刚开始很拙，很一无是处（那你到底爱他什么来着？可能就是他的老实吧），好歹默默让他试，让他为你效点劳如何？

做一颗逐梦的螺丝钉

有一位娱乐记者朋友，约我出来聊天。他和我说，受不了在北京生活的巨大反差。一方面，他经常接触各种明星大佬，与他们谈笑风生，出入酒店豪车，来回有人接送。可是另一方面，他蜗在一个十平米的出租屋，解决不了户口，一个月拿着加上车马费刚够维持自己表面光鲜生活的薪水，真正有事时，他所认识的那些大人物，也没有人会把他当一回事。

他说，自己的生活犹如奇幻，今天见×××，明天和×××喝茶，很容易感觉自己非同一般，是个人物，在朋友面前也倍有面子。可是当他回到那个狭小的出租屋，就会被一闷棍打回现实。

我还有一位朋友，在金台夕照旁边的一家全球顶尖审计所工作。他说，每当他走进公司那座宏伟的大楼，总会有一种无以加加的优越感，感觉这家全球前四的会计事务所连带着把自己也捎带成了全球最顶尖的4%的人才，而出差的豪华套房、不错的收入待遇、黄金的工作地段，也确实加重了他这种感觉。然而，与他说话时，与他年纪不相称的白发以及眼角里掩饰不住的一种恭顺自卑与自大狂傲混合而成的光芒，却清清楚楚地告诉我，他有着和我那位记者朋友一样的困扰。

这就是北京，在这里，十三亿人中生物链的顶端与生物链的底层发生交集，从而制造出《百年孤独》般的魔幻效果。这一刻你还在充满着汗臭的一号线车厢，那一刻你已经与某位大人物见上了面；这一刻你还在充满异味的出租隔间，那一刻你已经出现在富丽堂皇的会所；这一刻你口里还满是Andy如何，Mary怎样，那一刻你却捧着一碗岐山臊子面大快朵颐。

这是一个巨大的舞台，在这个舞台上，每个人或大或小地扮演着一些角色。可正是因为这出戏过于华丽，很容易让本来不过是场务、龙套的你产生错觉，以为自己是主角、是导演、是制片。然而事实上，如果把北京比作一台昂贵的机器，你不过是组成这艺术品的千万枚普通螺丝钉中的一枚。

可误会是那么的容易产生，尤其容易产生在那些刚刚开始追逐梦想的年轻人的脑海里。口头上，参加过某某超大型国家活动，出席过某某高级会议，筹备过某某特大型项目，在某某国字头机关工作，见过某某通天人物，都是你们在老家朋友、在家人面前的谈资，都是你们足以骄傲的资本。可是在心里面，到底如何，冷暖自知。

我所在的学校，大家很以去一个部委为荣，那里可以参加很多国际级活动，可以去到世界很多地方，可以陪同很多要员。可是在这个有着超过6万人的巨型怪兽里面，一个刚刚毕业的大学生到底是什么情况，只有在梦想破灭时才能说得清。

这是一个美丽的陷阱，很容易就掉下去，而且执迷不悟。偶尔会上一下应届生网的论坛，我可以在这里很容易地看到大量地大学生求职者做这样的表述：去×××（通常是某500强企业或者某国家机关），是我追求的梦想！同时，还不乏成功者以一种功成名就的语气写下一篇篇笔经面经。当然，能够找到一份好工作，作为一个起点，足以值得骄傲。可是把这当做梦想，当做追求与目的，在我看来未免有些睡眠太浅，梦太杂多。

而这里面的逻辑，也不难理解，去了500强，似乎自己也就是500强了，去了国家机关，似乎自己也就是代表国家了，就好比穿了一件漂亮的衣服，就好像自己也就漂亮了，买了一本有深度的书，自己也就有深度了。

可是，我经常喜欢站在国贸一些高楼的高层往下俯视。在这里，我可以看到两种东西，一种是工地，密密麻麻的建筑工人在忙碌；一种是白领，熙熙攘攘挤来挤去。在那个高度上，你实在分辨不出这两种人的区别，你也看不出哪个在昂着头意气风发哪个在低着头卑微渺小。一样的微不足道，一样的好像工蚁一般乞食奔波。实际上也一样，他来自左家屯，你来自张家庄，你参与了国际顶尖项目，他还参与了鸟巢的工地建设。他最后回到了左家屯，你也必然回到张家庄。

北京这个大舞台，就是这样容易让卑微好似高贵，让便宜好似奢华，让自卑好似自信，让虚浮好似深邃，让你好似个人物，让你觉得自己不是自己，让你丢了根，忘了本，失去了自我思考的能力，欣欣然加入一场又一场的演出。可是，戏总有终了时，那时，你才会发现你得到的仅仅只是一盒盒饭。

年轻的逐梦者，看不起这个看不起那个，以为自己追求的最正确，以为投行证券机关出国国际化英语奢侈品夜店豪车是自己的梦想。可是在我的眼里，我宁愿去佩服那个大学毕业开餐馆创业的小男孩。同样是螺丝钉，我至少觉得那个来得踏实牢靠。

下沉的智慧

《动物世界》有这样一组镜头给我留下深刻印象：一只企鹅在水中悠闲地游泳，过了一会儿，企鹅许是累了，便想回到岸上来。可是，岸上全是滑溜溜的冰层，体型笨拙的它尝试了几次也没能爬上来。

企鹅该如何上岸呢？正在我为它担心的时候，意想不到的一幕发生了：只见企鹅猛地低下头，使劲扎入海中，并拼力沉潜。

大约下沉到十几米深的时候，突然转过身，摆动双足，迅猛向上。快接近水面了，企鹅拼出全力，腾空而起，犹如离弦之箭蹿出水面，稳稳落于陆地之上。

企鹅成功上岸的做法令我拍手叫绝，同时，也让我陷入沉思。

生活中，我们每个人都想出人头地，然而，又总会遭遇到不期而遇的"冰层"。面对困难，有的人唉声叹气甚至放弃努力；有的人则不自量力，不惜拼死一搏。

这两种人的结果都一样，都不会上得"岸"来。

其实，当我们面前困难重重，出头之日遥不可及时，学学企鹅的沉潜，才不失为明智之举。甘于沉下去，才可浮上来。

说话的选择

著名管理学家彼得·德鲁克曾说，21世纪是一个选择的世纪。他说这句话是因为在今天的信息社会里，人人都能获取信息学习知识，靠脑力上进。人人都有机会，那么人的成功就更要看个人积极的争取和智慧的选择。

经常有学生问我有关如何进行选择的问题。"选择的智慧"的思想核心其实就是中国传统文化中传承了两千多年的"中庸"之道。我们要用中庸拒绝极端。中庸就是要避免并拒绝极端和片面。比如说我曾提到的积极主动，如果做到了极端，就变成了霸道，喜欢对别人颐指气使。我还提过与人相处最重要的是要有同情心，可同情如果做到了极端，就变成了盲从，什么事都没有主见。极端的自信就成了自傲，极端的勇气就成了愚勇，极端的胸怀就是懦弱，极端的自省就会变成自卑。

我曾经亲身经历了一个极端的测验：公司在培训课程中，让10位副总裁围成一圈儿，一个半小时内可以畅所欲言，唯独不可以讲公司的事情。于是，大家开始谈论天气，政治、体育……其间还出现了争执。一个半小时后，每位副总裁都按自己心目中对其他副总裁的尊敬程度，为他们排一个序，并把自己安插在合适的位置。排序后我们发现：排倒数第一的是从头到尾没有讲话的人，排倒数第二的是话最多的人。不说话的人可能有想法，但没有表达出来，那么别人就会认为他没有想法。相反，话太多的人可能有一部分话很有意义，但也讲了许多不该讲的话，这使他无法得到大家的好评。

所以，"沉默是金"和"口无遮拦"都不可取，我们应达到"中庸式的智慧沟通"，要把握好说话的度，选择好说话的时机，这样就可以得到周围人的尊敬。

青春是什么

青春是什么？

当你怀揣着它时，它一文不值，而只有将它耗尽后，再回头看，一切才有了意义——爱过我们的人和伤害过我们的人都是我们存在的意义。

许多年前，我常常跟着小说里的人物一起热血沸腾，但是梦里又觉得自己已经把青春丢得远远的了，所以每个清晨都是惶恐的。身边的先生就安慰我说，何必这么伤怀呢，不然就别写了。我死命摇头——那样的话，青春就真的离我远去了。而现在，起码我还可以漫步在他们青春的记忆里，重温那些曾经的美好与疯狂。

其实，我们都是青春曾经领养的孩子。你哭，他笑，我玩着一个童年的布娃娃，一不小心跌倒，感染了人生的第一场抑郁，又开始学会做爱情的美梦，最后醒来的时候，你就突然跟身边的人发出疑问：我们什么时候长这么大的？而就在这个时候，或者更早，青春不动声色地拿走了我们身上所有的伤疤。

这是一个昂贵的梦，我们都输了却不自知。

青春是楚门的世界，没有谁可以逃出它的掌控；青春是一场黑暗，它做了一层密不透风的茧，然而有光，让你可以看得到外面的世界，让你肆无忌惮地哭泣、挣扎，歌颂每一个清晨。天黑的时候，所有人都在打磨关节，把自己拉长，同时，思想大规模出动，围剿每一个昏昏欲睡的脑袋。

青春是一个圈套，然而是善意的。你虽然永远赢不过它，躲不开它。但是它终究会从你身边离开，干脆到连声招呼都不打，连个背影都不留下。然后你觉得自己解放了，谁知前方却是更多的圈套和陷阱。这个时候，你想起之前的每一次流泪、每一次跌倒、每一次愤怒和无助，当然，也有每一次侥幸的或是笃定的小小胜利。于是，你决定往前迈出第一步，褪去了所有的青涩和稚嫩。即便第一步就崴了脚，你也没有流泪。你会苦笑，自嘲，拿高跟鞋撒气，然后继续一瘸一拐地赶路。

你知道回不去。青春已经是一场回忆。

而人生越往前，你越怀旧，越怀念青春的美好。你翻着初恋对象写的分手信，"瞧瞧，那时候，连欺骗都是真的。"你连夜赶着一个策划案，想起还是大学新生时，一个人拖着个大箱子局促而又兴奋地去报到。再后来，听着学友哥的演唱你不再会流泪，甚至连给爱人的一个拥抱都要计算时间成本。你住进了高楼，你坐进了汽车，你没有了快乐，甚至也没有了悲伤，只是对着人生的下一个路口，烦躁地按喇叭。

再后来，又有很多人、很多梦想从你身边走开，他们离开的速度快到连回忆都来不及留下。你最后握住的只有青春的回忆，一屁股坐在沙发上，陷进去大半个人生。打开影集，突然间泪流满面。

你终于原谅了青春，也终于懂得了感激。你终于开始承认它是你的生母，人生的密码早已在你懵懵初开的时候一把塞到了你手里。只是那时候，我们不懂得细细咀嚼。

现在知道了，那些恣意飞扬的岁月里，我们每一次躁动不安的梦想、年轻气盛的誓言、猝不及防的暗恋、义无反顾地摔倒又爬起，其实都是一颗颗饱满的种子，它让我们有了脊椎，有了思想，有了人格，通晓了嘴巴和手真正的功能。在人生每一场来势凶猛的暗战中，保全了自己。然后，一有机会，你完全可以朝着你想要的精彩和骄傲一路狂奔。

所以，青春是不朽的。它终将逝去，却远未逝去，像读不完的书、流不完的血，一直给你温暖和力量。如果你善待它，懂得感恩和回报，它会在你认为的人生每一个死胡同面前笑眯眯地等你，拿出每一把钥匙。

就像拿出你小时候期待已久的糖果。

一滴水的力量

那是一个普普通通的傍晚,她像往常那样,写完作业,一边品尝着妈妈精心烘烤的蛋糕,一边打开电视,准备看自己最喜欢的动画片。就在转换节目频道时,她忽然看到一组画面:美国的新奥尔良,突然被卡特里娜飓风袭击,很多人瞬间失去亲人,流离失所。一个6岁的小女孩,抱着仅5个月大的妹妹,独自在风雨中痛哭。一位母亲和三个孩子被困在没有灯光和食物的房间里……

不知不觉中,泪水顺着她的脸颊滑落下来,美味的蛋糕也失去了诱人的滋味。她一遍遍哭着说:"我应该做些事情来帮助他们!"

同样在关注电视新闻的父亲,看着悲伤不已的女儿,鼓励她说:"此时,所有了解这场灾难的人,都在谈论一个话题,就是到底应该做些什么。最关键的是,要采取实际行动,而不是说说而已。就像你上体育课时,不要等到足球滚到自己的脚下,而是应该追着球去跑!"

"可我是个小孩子,我能做得了什么呢?"她心急如焚,却又感觉到无可奈何。这时,父亲拿出一瓶红色墨水,又端来一盆清水，往水里滴了一滴墨水，然后问："你看到什么了？"她说："墨水被淹没了，什么也看不到了呀！"父亲没说话，接着又滴入第二滴，第三滴，直到把整瓶墨水全都倒入清水，然后又问："你现在看到什么了？"

"现在，整盆水，全都变成了温暖的红色呀……"她忽然明白了父亲的意思："一滴水的力量，或许是微不足道的，但累积起来，就可以改变世界！"

她立刻拿出纸和笔，沉思了一会儿，开始写下号召青少年为灾民捐款的行动计书。为了扩大影响，她不仅给电视台写信，还在父亲的帮助下，在各大网站发起倡议。当人们得知最先发起募捐倡议的女孩年仅10岁时，感动之余，纷纷伸出援助之手。越来越多的学校和孩子们参与到了捐款行动中，他们不仅拿出自己的零花钱，还动员父母也来帮忙。

随着捐款数目像滚雪球一般越来越大，她仿佛看到一滴又一滴的水，汇集到一起。变成了温暖的海洋。短短一年的时间，她一共联系到4000个学区，募集到1040万美元的认捐数额，远远超出她原先设定的100万美元的目标，也让美国学龄儿童和多家世界500强企业一起，成为卡特里娜风灾中的十大认捐者。

初次募捐活动的巨大成功，让这个名叫塔莉亚的女孩一夜成名。对此，有人送来鲜花和掌声，也有人质疑她募捐的动机。甚至，在一次记者招待会上，有人当场将一瓶矿泉水扔到演讲席上，要给塔莉亚"泼一泼冷水"，说她不过是打着慈善的幌子，想要将自己打造成超级明星罢了。

面对从天而降的突然袭击，塔莉亚惊呆了，当场流下了委屈的泪水，甚至想冲出会场，扑到父母的怀抱里。就在这时，她看到场下有位观众，在举起的笔记本上写着一句话："塔莉亚，你是好样的！"接着，又有人写道："塔莉亚，我们支持你！"接着，越来越多的人，举起手来表示支持。

泪水，再次顺着塔莉亚的脸颊滚落下来。她微笑着将演讲继续下去，更加坚定了从事慈善募捐的信心。从2005年开始，塔莉亚获得的国际荣誉数不胜数。

在即将出版的书中，塔莉亚写过这样的一段话，或许最能代表她的心声："关于未来是否当总统，是一个遥远的话题。对于我来说，号召越来越多的人伸出援助之手，就像一滴又一滴的水汇集在一起，就会形成温暖的海洋，减少因为战争、自然灾害带给人们的伤痛。那么，就算不当总统，我也一样可以改变世界！"

上帝的小丑

有一次,一位梦想家从沙漠来到伟大的舍里阿(阿拉伯语,意为律法城),他的全部家当,就是身穿的衣裳和手中的一根木棒。

走在街上,他对眼前的殿堂、尖塔、宫殿,既是敬畏又是惊叹,舍里阿城好不富丽堂皇!他不时拉住行人,询问城市的情况,但他和行人都听不懂对方的语言。

时值中午,他在一家大饭店门前停下。饭店用金黄色的大理石砌成,人们从门口进进出出,无人阻拦。

"这一定是座圣殿!"他自言自语,一边走了进去。到里面后惊奇地发现,眼前竟是一间华美的大厅,成双结对的男女们围坐在一张张桌边,他们边吃边喝,还在欣赏音乐。

梦想家心想:"不,这不是在拜神,一定是王子在设宴招待民众,庆祝某个大典。"

这时,一位男子——梦想家当他是王子的仆人——走了过来,请他坐下,并端来了肉肴、葡萄酒,还有精美的点心。

梦想家美餐了一顿,然后起身告辞。走到门口,他被一位衣着考究的大个男人拦住。

"这准是王子本人了。"他心想,便朝大个子鞠了一躬,以示感谢。大个子用城里的语言说道:"先生,您用了晚餐还没有付款呢。"

梦想家不懂,又真诚地感谢了一次。

大个子仔细地打量着他,看出这是个异乡人,这副衣衫褴褛的样子,肯定是付不起餐费的主了。于是他击一下掌,又喊了一声,当下就走来四个巡捕。他们听完大个子的讲述,就一边两人把梦想家夹在中间带走。梦想家见这几位衣着气派、威风凛凛,眼里更添了几分喜色。他想:"他们都是上等人物啊!"

他们走着走着,一直走进法院大门。

只见大堂前方的正座上端坐一人,美髯长须,装束威严,梦想家估量他便是国王,不禁为有幸面晤国王而大喜。

巡捕们向威严端坐的法官控告了梦想家。法官当下指定两位律师,一位代表原告,一位替这异乡人辩护。两位律师先后站起发言,阐述了各自的辩护词。梦想家呢,还只当他俩在致欢迎辞,对国王和王子的盛情款待,他心里无比感激。

判决宣布了:判罚被告胸挂书有罪名的木枷,骑着秃马在全城示众,并由号手、鼓手各一名在前开道。判决立刻执行。

身骑秃马的梦想家在号手、鼓手的开道下游街示众。城里的居民闻得喧闹声,纷纷拥上街头,一见眼前的情形个个笑将起来,孩童们则跟在梦想家后面招摇过市。梦想家早已乐不可支,眉飞色舞地赏阅着人群。他以为,胸前的木枷代表国王的祝福,骑马示众乃是一种殊荣。

忽然,他在马上看见了一位来自沙漠的熟人,于是高兴地朝他大叫:"朋友!朋友!这是什么地方?这座遂心如意的城市叫什么?你知道吗,他们在王官里为一个陌生客摆宴,王子亲自作陪,国王在他胸前挂上福匾,还让这人间天堂倾城迎接——这是哪一个慷慨的民族呀?"

沙漠里来的熟人没有作答,只是微笑着,还轻轻摇了摇头。游街的队伍继续前行。

梦想家的头高昂着,眼里闪烁着喜悦的光芒。

善待自己

我们所说的善待,不是一掷千金的挥霍,不是灯红酒绿的奢侈,不是喝三吆四的排场,更不是珠光宝气的华贵……

我们所说的善待,只不过是在厨房里,单独为自己做一样爱吃的菜;在商场里,为自己买一件心爱的礼物;在公园里,和儿时的好友无拘无束地聊聊天,不用频频地看表,顾忌家人的晚饭和晾出去还未收回的衣衫……我们说的这些,只是那些属于正常人的最基本的生活乐趣。只因无数的女人已经在劳累中将自己忘记了。

可女人何尝不需要这些啊?

抱着婴儿,煮着牛奶,洗着衣物,女人用沾满肥皂的手抹抹头上的汗水说,现在孩子还小,等长大了,我就可以好好享受了……女人忙得昏天黑地,忘记了日月星辰。白发似一根银丝,从空气中悄然落下,留在她疲倦的额头。

时间抽走女人的美貌和力量,用皱纹和迟钝充填留下的黑洞。孩子大了,飞翔出鸽巢,仅剩旧日的羽毛与母亲做伴。女人叹息着,现在,她终于有时间享受一下了。可惜她的牙齿已经松落,无法嚼碎坚果;她的眼睛已经昏花,再也分不清美丽的颜色；她的耳鼓已经朦胧，辨不明悦耳音响的差别；她的双腿已经老迈，再也登不上高耸的山峰……终于有一天，她在幻想善待自己中永远地睡去了。

原谅我描述了这样一幅忧郁而凄凉的图画。

无数的女人，在慷慨大度地向人间倾泻爱的时候，她们太不爱自己了。就从现在开始，不要把盘子里所有的肉，都挟到孩子的嘴边；不要把家中所有的钱，都用来装扮房间和丈夫；不要把所有的精力，都投入工作；不要在计划节日送礼物的名单上，独独遗漏自己的名字……

善待自己请从这一刻开始吧。

最后的爱

太阳落山,金色的光辉洒在一望无际的草原上。汤姆斯开着车,载着妻子和女儿,在草原上纵情驰骋。

今天是他和妻子萝莉特的结婚纪念日,也是女儿凯瑟琳的7岁生日。他们决定在这个极具纪念意义的日子,驾车到美丽的大草原上游玩。

眼看日落西山,天地间最后一抹余晖也将散去,汤姆斯选了一个平坦的地方将车停了下来。他在车旁生起了篝火,萝莉特拿出香肠、烧鸡、啤酒等,开始张罗晚餐。

汤姆斯瞥到远处草地上长着一簇黄色的小花,那些不知名的小黄花迎着晚风轻轻摇曳。汤姆斯想到萝莉特身上的黄色裙子,心中蓦地一动:妻子最喜欢黄色,我何不把那些花儿采集在一起,亲自交到她手上,给她一个惊喜?

汤姆斯趁萝莉特和凯瑟琳没注意,蹑手蹑脚地向远处走去。快要接近那簇小黄花时,他突然感到脚下一沉。不好,是泥沼!他想把脚拔起,但为时已晚,泥沼中的污泥像是一只看不见的魔手,紧紧吸住他的双脚,不断把他往下拉。

汤姆斯想起了灯火处的妻子和女儿,刚想张口大叫,但他的目光却陡然一呆，继而硬生生地把话咽了回去。

汤姆斯把帽子摘下，把上衣脱了，裹成团，向目光尽头处扔去。他又把腕上的手表拿下来，用尽全身力气扔向那里。

泥沼中的污泥很快淹没了汤姆斯的胸、颈，在快要淹没他口鼻的瞬间，他一直看着前方的眼神突然变得兴奋起来。死神来临之际，他脸上居然展露出了最后的笑容。

萝莉特发现汤姆斯不见了，焦急地和女儿呼喊着他的名字，但除了远处传来一声动物的吼声，她们没得到汤姆斯的任何回应。

萝莉特留下女儿，拿着火把四下里去寻找丈夫。找了很久，她突然发现前方草地上居然有丈夫的帽子和手表，还有他的上衣。她心里一喜，刚要上前，但另一个发现却使她望而却步。

原来，在那些东西的旁边，还有动物的足印。在大学里教动物学的她凭借多年的经验断定那是狮子的足印，而且还是一只巨大、凶猛的成年狮子。恐惧顿时袭上心头，她撒腿往火光处边跑边喊："凯瑟琳，快，快上车！"

听到母亲的话音里满是恐惧，凯瑟琳虽然不知道发生了什么事，还是很听话地进了驾驶室。萝莉特跑到车前，一把打开车门，满头大汗地爬了进去。

凯瑟琳看着神色慌张的妈妈，忙问是怎么回事。萝莉特附在她耳旁，轻声说："不要说话。前面有狮子，会吃人的狮子！"凯瑟琳打了一个寒战，赶忙闭上嘴巴，在母亲怀里簌簌发抖。因为车钥匙被汤姆斯随身带着，萝莉特只好关紧车门，和女儿俯卧在车上。

当翌日的第一缕阳光洒进车窗，恐惧了一夜的萝莉特拨了报警电话。两个小时之后，当地警方驱车来到这里。听完萝莉特的叙述后，警方来到了有狮子足印的地方。

探长希拉顿仔细勘察了现场，发现无论是汤姆斯还是狮子的足印，都在前面不远处消失了。希拉顿走到足印消失处，突然发现前方地面有点异样。他略微思索了一下，捡起一块石头，扔在前方地面上。石头竟然慢慢沉入了地面。

希拉顿说："果然是泥沼！"

幸好这个泥沼并不太大太深，警方动用了大型工具，终于在泥沼里捞出了汤姆斯。和他一起的，还有一只巨大的狮子。"汤姆斯并非死于狮口，而是这罪恶的泥沼。"希拉顿说。

"不，不！"萝莉特大哭，"如果他掉进泥沼里，怎么可能不向我们呼救呢？他是被狮子追得走投无路才坠入泥沼中的呀。归根到底，凶手还是这可恶的狮子！"

希拉顿摇了摇头说："如果狮子追他，他怎么可能顾得上把帽子、上衣脱掉，还扔掉手表？他又怎么可能一边跑，一边把这些东西扔在同一个地方呢？"

探长的话确实有道理，萝莉特感到很迷惘。希拉顿长叹一声，接着说："只有一种可能，那就是汤姆斯掉入泥沼后才发现狮子。依你所说，那时天色已黑，狮子不一定能发现汤姆斯。但你们在汽车旁升起篝火，足以吸引狮子的目光，这对你们来说无疑是致命的威胁。汤姆斯发现狮子之后，立即感到形势不妙，他用裹成团的上衣、帽子，还有手表，向狮子发动'袭击'，吸引它的注意力，把它引进泥沼，这样就保证了你们的安全啊！他不向你们求救，就是怕你们闻声而来惨遭噩运……"

周游世界

[一]

昨天和一个朋友聊天,她说起她崇拜的人,因为她的偶像想到既然世界末日要来了,不如放下工作,周游世界,写书……

我一听到"周游世界"一词,惊诧:"怎么又周游世界了!"

我丝毫没有贬低朋友偶像的意思。但最近听说了太多的"周游世界":老夫妻卖房周游世界,小年轻辞工作周游世界,某帅哥背着包吃遍世界……

我想说,其实你可以不用周游世界。

要是没有发现身边美的能力,跑再远的地方也没有用。

交那么多钱挤火车到西藏,排着队进布达拉宫,拿着"大炮"对着那些朝圣者咔咔地照相,然后回来说我受到了心灵的洗礼,受不了城市污浊的空气,领哈根达斯月饼还得排队,那又有什么意思呢?

[二]

在武夷山喝岩茶的时候,一位茶师问我:你是否喝到了岩石的味道?

我当时陡然一惊,因为我经常喝茶,却从来没有想过,这茶的味道,是来自于我们天天踩踏的地块和泥土。

于是我就胡思乱想起来:这个味道不知道在地球上贮藏了多少年,从地块中,经过泥土,经过树根,经过叶脉,经过露水,经过蓝天,经过人的劳动的手,经过布袋,经过火烤的鼎,经过烹调的泉水,经过陶质的壶和茶杯,才送入我的口中,触及我的味蕾……

经过茶师的提醒,这才猛然醒悟,就这一杯茶的味道,能被我品尝到,大概经历了千亿万年吧!

[三]

曾经有学生来问我:老师,你的梦想是什么啊?我说:吃好穿好生活好啊,我现在就生活在我的梦想中。

为什么要把我们的梦想和生活对立起来?非得卖掉房子去周游世界,非得辞掉工作去翻山越岭,非得骂空气污浊显得自己肺部清洁,非得摔破杯子来说明世界末日……

其实不用的。

我周末和来出差的老同学聊天，走在林荫道里，秋风送爽，阳光斑驳，然后又跑去另外一个朋友家里蹭饭。我躺在他家客厅的沙发上休息，迷迷糊糊听到厨房的人切菜的咔咔声，洗菜的哗哗声，下锅的滋滋声，聊天的叫唤声……在这大城市的黑夜降临时，这样的声音让人感觉最安全与舒心，不亚于山高虫鸣，不亚于庙堂诵经。

老同学来出差，本来她可以去其他地方玩，可她却因为这个城市而想你，愿意和你散步，倾听你的言语。朋友本来素不相识，在聚会里偶然遇见，但他却愿意为你做一餐晚饭。

我就觉得幸福了，而且这种幸福无可替代。

其实，你可以不必周游世界，不一定要找个农场来喂马劈柴。在平时如果你吃一个三鲜饺子都很开心，能够领略它的味道，饺子就是你的另一个世界；在周末如果你和朋友一起能放松自己，感受另一种不同生活，那你大概已经周游宇宙，不必依凭什么了。

幸福总在痛苦后

夏天的时候,母亲给我买了一双足底按摩拖鞋,说是有保健的功能,让我穿着试试。看那拖鞋的款式还不错,于是我就高兴地穿上了。谁知穿在脚上才感觉很不舒服,犹如根根针刺。

我想脱下鞋子,但一想到这是母亲对自己的关心,只好勉为其难地穿着。

一晃,一个夏天过去了,天气渐渐转凉,我换上了毛拖鞋。当我穿上毛拖鞋的那一瞬间,我感到没有什么比这更快乐、更幸福的了!

我很奇怪,这只是一双普通的毛拖鞋呀,以前我穿上它时,从来没有这样的感觉。

12岁那年,我随父母到了新疆,望着"大漠孤烟直,长河落日圆"的景象,我惊叹不已。于是在一个周末,我邀了几个同学一起去沙漠里玩耍。

起初我们不敢走得太深入,但后来在沙漠里发现了几只狐狸,在追赶它们的过程中,我们迷路了。我们从上午一直走到下午,也没能走出那一望无际的沙漠。我们渴得喉咙直冒烟,几乎瘫软在地上,幸好遇到一个路经此地的石油工人,他将我们安全地带出了沙漠。

回到家中，当我咕嘟咕嘟地喝着一大碗清水时，感觉到从未有过的快乐和幸福！

我很奇怪，那只是一碗普通的水啊，以前我每天都喝，但从未有过这样的感觉。

16岁那年，处于叛逆期的我离家出走了。我以为外面的世界很精彩，可是青春欺骗了我，我不但没有找到工作，就连兜里仅有的50元钱也被别人骗去了。

我流落街头，城市之大，却没有我的容身之处。流浪了一个星期后，在一位好心人的帮助下，我才回到了家乡。

在村口，当我看到父亲和母亲焦急的身影时，禁不住泪流满面，觉得没有什么比扑在亲人的怀里更快乐、更幸福的了！

我很奇怪，以前我每天都拥有这样的关爱，可是我从未有过这样的感觉。

3年前，我患了一场大病，在医院里足足住了两个多月。每天我都局促在一张小小的钢丝床上，从早到晚，看护士和医生们进进出出，数着暗黄的液体滴滴下坠，望着天花板上的纹路发呆，闻着空气中刺鼻的药水味叹息。

当然，我偶尔也会跑到医院的花园里去，细数花坛中的片片落红，古树上掉下的张张枯叶，缝隙处钻出的只只蚂蚁。晚上，我整夜整夜地失眠，一闭上眼，就怕再也看不到自己的亲人了。

两个多月，宛若一个世纪，犹如活在炼狱。终于盼到了出院。回到家中的那一刻，我觉得没有什么比这更快乐、更幸福的了！

我很奇怪，以前我每天都生活在这种环境之中，可是我从未有过这样的感觉。

原来，幸福都来自彻骨的痛。蝶蛹经历了蜕变的痛苦，才有了化蝶的美丽；凤凰经历了涅槃的痛苦，才有了重生的辉煌。是痛苦，让我们真正体会到了幸福，也让我们懂得了珍惜。

生命中的期待

生命的可贵世人皆晓。现在最时尚的语言，也是人们很认知的一句话就是：珍爱生命，善待自己。亲人、朋友之间也以此来互为勉励。这不难看出，当今社会的各个层面不同程度地存在着激烈的竞争，奔跑在同一起跑线上的人们，必然要以自我的聪明才智，判断能力，加上忘我的工作热情和拼搏精神，使自己能够脱颖而出，立于不败之地，这种付出，甚至超负荷的脑力、体力的透支，必然会对身体造成危害，那将会得不偿失。所以，我们要量力而行，正确地评估自己，客观地对待现实，只要努力了就不该自责，这才是上策。

一个人的生命虽然是有限的，但我们有调整思维、控制情绪、平衡心态、注重健康的权利，有抛弃烦恼、淡漠忧愁、享受生活、追求幸福的本能。这些谈似简单，可真正做到实属不易。但生命诚可贵，健康价更高。如果你不珍爱生命，不善待自己，当病魔侵袭，病入膏肓，无药可救，生命戛然而止的时候，即使你有超常的智慧，过人的本领，显赫的官位，万贯的家财，也一切都不复存在了。就像乌云遮住了太阳没有光芒，花儿凋谢不再开放！

种子期待破土，蓓蕾期待春风，江河期待大海，沙漠期待绿洲……人生更有许多期待。孩子期待长大，恋人期待幽会，游子期待还乡。

一份期待是一个故事，或生动或曲折，感人肺腑、催人泪下；一份期待是一缕心曲，或深沉或悠扬，魂牵梦萦荡气回肠。有期待的日子酸甜苦辣百味俱全，有期待的心情阳光灿烂色彩斑斓。人的一生中美好的时光总是很短很短，而期待的日子往往很长很长。把漫长的期待定格成美好的瞬间，这正是人类永不停息的追求和奋斗的动力。于是，在异地他乡的拼搏中，在漫漫征途的跋涉里，在鸿雁传书的字里行间……期待抚慰着一颗颗寂寞的心灵，期待支撑着一个个不屈的信念。生活再累，相思再苦，也照样活得有声有色有滋有味。

或许，期待有如镜花水月，虚无缥缈；或许，期待有如似箭光阴，没有尽头。但，期待是寒冬的火神，给我们以温暖；期待是暗夜的星辰，给我们以光亮；期待如春潮一样涌动，给我们以激情；期待似血液般沸腾，给我们以力量。当期待一旦成为现实，便如同花朵变为果实，果实孕育种子，而种子是生命生生不息的保证。因此，可以毫不夸张地说，期待是生命的延续，期待是情感的升华，期待是辉煌乐章的序曲，期待是伟大创造的产床。

为冷漠付费

正在纽约最贫穷脏乱的区的法庭上审理。当时，拉瓜地亚刚刚出任纽约市市长。他坐在法庭的角落里，亲眼目睹了这桩偷窃案的审理始末。

被指控的嫌疑犯是一位白发苍苍的老妇人。她的脸呈灰绿色，乍一看就知道她的健康状况极其糟糕，患有严重的营养不良。

事情其实很简单，老妇人在偷窃面包时，被面包店老板当场抓住，并被送到了警察局，最终被指控犯了偷窃罪。审判长威严地注视着这个瘦弱的老人，询问她是否清白或愿意认罪。老妇人嗫嚅着回答："是，我承认。我确实偷了面包，因为我家里还有几个饿着肚子的孙子，他们已经两天没有吃到任何东西了。"

审判长听完被告的申诉，平静地回答道："尽管如此，我必须秉公办事，维护法律的尊严，你可以选择10美元的罚款，或是10天的拘役。"

由于案情简单，被告供认不讳，庭审很快就结束了。就在法官宣布退庭前，一直坐在旁听席上的市长拉瓜地亚站了起来。他脱下了自己的帽子，放进去10美元，然后转身对着旁听席上的其他人说："现在，请在座的每一个人都交出50美分的罚金。我们每一个人都应该为自己的冷漠付费，因为我们生活在这样一个需要白发苍苍的老祖母去偷面包来喂养孙子的城市。"

旁听席上的气氛变得肃穆起来。所有的人都惊讶极了，但是每个人都默默地拿出50美分捐了出来。这场70年前就已经结案的庭审，至今仍然感动人心。

爱的反义词不是恨，而是冷漠。让我们都打开心门，让阳光住进来，让这个世界多分一些关怀，给角落中受伤的灵魂；多分一点爱，给那些陌生的面孔。把冷漠变成爱，世界将更温暖！

人生脚步不能停

那年我高考落榜，心情糟糕。我想跟随村里的建筑队出去打工，多挣点钱给父母，或许那样能弥补我对他们的愧疚。父亲说，等把地里农活儿忙完再做打算吧。

那时候麦子已经收完，妈妈却病倒了，我家还有一块地没种上苞米。夜里落了一场透地雨，正是种苞米的良机，第二天中午地面不再泥泞，我和父亲出发了。

种子盛在塑料桶里，父亲刨坑我点种子，每个坑两粒种子。农历五月毒辣辣的阳光似乎要把昨夜的雨水全部收回，地面热得像蒸笼，我汗流浃背，父亲也直喘粗气。太阳落山的时候我已经筋疲力尽，口干舌燥。我们还有四垄地没种完，种子却用光了。

我如释重负地对父亲说，正好天黑了，咱们收工，明天再带种子来吧。父亲没说话，把锄头藏在地头的麦秸垛里，我们回家了。

回到家，我喝了水，舒服地躺在炕上想美美地睡一觉，却看见父亲又在弄苞米种子，我问不是明天才下种吗？现在准备有何用？父亲笑着说，这块地今晚必须种完，否则将来会歉收。我觉得不可思议，不就差一宿吗？父亲说我们打个盹儿，一宿就过去了，但是种下去的种子不睡觉啊，同一块地的苞米晚种一宿，产量差别可就大了。

见我半信半疑，父亲指指屋檐下挂的苞米说，你看吧，这些和囤里的都是这块地的收成，前后就差一天。我拿起檐下的苞米穗与囤里的比了一下，短三厘米左右！我又拿了几个比较，无一例外，檐下的苞米个头普遍偏小！

原来，去年这片地还没播种完，突然下了场雨，无法干活，地北头这五垄比其他地块晚种了一天。

我被这个事实惊呆了。父亲说，大片地玉米同时吐蕊秀穗时，晚种的这几垄还未吐蕊，错过了最好的授粉期，所以收成差了许多。没想到，短短一天差别如此明显。

一个黑夜、一个白天对于我们人类只算一个片刻，但是对于生命周期只有70多天的苞米，的确是一个不短的时间。我们看似漫长的人生不也像一粒种子般短暂吗？刚开始就落后别人一步，如不努力追赶，到后来就像檐下的苞米一样……那天傍晚，我和父亲又回到田里，把那片地全部种完，回到家时已经满天星斗。

那年秋天我没有外出打工，选择了复读。经过一年的努力我考上了一个不错的大学。一晃12年过去了，我有了稳定的工作，而与我一样落榜外出打工的几个同学，如今还辗转在烈日下的工地上辛苦地劳作，经常为讨要工钱而苦恼。

那些装满了理想与希望的种子，短短一夜间，已经吸足了水分，早已迈开了"人生"的脚步，一旦错过，机会永不再来。

生命的舞蹈

苏莎，是一位著名的印度舞蹈家。可惜，天妒红颜，就在她事业的巅峰时期，却不幸遭遇了车祸，右腿被迫截肢。对于一个以舞蹈为生命的人来说，失去了一条腿，无疑也就失去了整个事业、全部生命。但苏莎的信条是：永远不向命运妥协。

几个月后，苏莎幸运地邂逅一位医生，这位医生用在硫化橡胶中填充海绵的方法对假肢技术做过改进。他为苏莎量身定做了一只新型假肢。安上假肢后，苏莎重返舞台的愿望也日益变得强烈和迫切。苏莎明白，首先自己要坚信梦想一定能实现。于是，为了重返舞蹈世界，她开始艰苦的尝试。她忍着剧痛，重新学习平衡、弯曲、伸展、行走、转身、旋转，这些都是她熟悉的基本功。

经过长时间的锻炼，她终于能够翩翩起舞，再上舞台。

在以后每一次公开演出中，她都忐忑不安地问父亲演出效果如何，而每一次，她得到的回答都是："你还有很长一段路要走。"

终于，在孟买的一次演出中，苏莎实现了历史性的恢复，她以令人惊艳的完美舞姿，震惊了所有的观众，让每一个人都感动得热泪盈眶。苏莎也因为这次起死回生般的巨大成功，重新夺回了原本属于自己的舞蹈皇后的位置。演出结束后，她再次向父亲征询意见，这次父亲什么也没有说，只是充满慈爱地抚摸着她的假肢，眼里只有泪水和爱。

苏莎奇迹般的成功，极大地鼓舞了当地的人们，经常不断地有人问她，在近乎绝望的逆境中，你是如何战胜自己并最终取得成功的。苏莎总是淡淡地说："我经常告诫自己，舞蹈用的是心，而不是腿。"

奥维德说过："忍耐和坚持是痛苦的，但它逐渐给你带来好处。"在莫大的不幸降临之前，苏莎是用双腿舞蹈的绝代皇后。在忍耐与坚持之中，她渐渐地学会了用心灵去舞蹈。心的舞蹈，其实正是舞蹈的最高境界。是不幸让苏莎得到了全新的感悟。

当痛苦不可避免时，请不要一味地悲伤，消极地逃避，而是要在坚忍中承受灾难、享受痛苦。

因为，只有坚忍才能为你带来事业的唯美升华。

人要有所敬畏

在这个世界上，有的人信神，有的人不信，由此而区分为有神论者和无神论者、宗教徒和俗人。不过，这个区分并非很重要。还有一个比这重要得多的区分，便是有的人相信神圣，有的人不相信，人由此而分出了高尚和卑鄙。

一个人可以不信神，但不可以不相信神圣。是否相信上帝、佛、真主或别的什么主宰宇宙的神秘力量，往往取决于个人所隶属的民族传统、文化背景和个人的特殊经历，甚至取决于个人的某种神秘体验，这是勉强不得的。一个没有这些宗教信仰的人，仍然可能是一个善良的人。然而，倘若不相信人世间有任何神圣价值，百无禁忌，为所欲为，这样的人就与禽兽无异了。

相信神圣的人有所敬畏。在他的心目中，总有一些东西属于做人的根本，是亵渎不得的。他并不是害怕受到惩罚，而是不肯丧失基本的人格。不论他对人生怎样充满着欲求，他始终明白，一旦人格扫地，他在自己面前竟也失去了做人的自信和尊严，那么，一切欲求的满足都不能挽救他的人生的彻底失败。

相反，那种不知敬畏的人是从不在人格上反省自己的。如果说"知耻近乎勇"，那么，这种人因为不知耻便显出一种卑怯的放肆。只要不受惩罚，他敢于践踏任何美好的东西，包括爱情、友谊、荣誉，而且内心没有丝毫不安。这样的人尽管有再多的艳遇，也没有能力真正爱一回；结交再多的哥们，也体味不了友谊的纯正；获取再多的名声，也不知什么是光荣。不相信神圣的人，必被世上一切神圣的事物所抛弃。

塑造自己的人生

在一个多雾的下午,一位演艺经纪人正坐在伦敦一家咖啡馆的窗前焦急地等待着。他一边漫不经心地喝着咖啡,一边向外张望着。

就在这时,他终于等来了他的老朋友罗温·艾金森。

"快坐下,我和你说,这次的试镜机会来之不易,我知道消息之后,第一时间就通知你了。"经纪人一边看了看手表,一边迫不及待地说了起来。

"我知道你为了这件事费了不少心血,不过非常抱歉,我还是决定不去参加这次试镜了。"罗温·艾金森有些不好意思,但是非常坚定地说道。

"什么?"经纪人差点没跳起来,"你知不知道和这样著名的导演合作的机会就像流星撞地球的机会一样少!"

随后,两个人都沉默了,把视线转移到了窗外的街上,各自想着自己的心事。

又过了一会儿,罗温·艾金森舔了舔嘴唇,很抱歉地说道:"对不起!可是我最近想了好久,还是觉得自己最喜欢演的是喜剧。我常常在想,我的人生应该是什么样子?后来我发现,只要我一想到自己在表演喜剧就会感到非常快乐，成为一个出色的喜剧演员就是我想要的人生，所以，从想明白这一点开始，我所有的行动只有符合这个目标才真正有意义。"

经纪人长长地叹了一口气，气氛有一些尴尬。经纪人忽然想起了一件事，说道："下周三有一场球赛，咱们去看吧。"

让经纪人没想到的是，罗温·艾金森摇着头告诉他，自己那时候要上课。

经纪人好奇地问他："你都毕业这么多年了，上什么课？"

"我报了舞蹈班，这样可以塑造体形，能更好地适合新接拍的喜剧角色。"

经纪人一边看着罗温·艾金森硕大的身躯，一边强压住想笑的冲动。

罗温·艾金森挠了挠头，笑着说道："我的体型是有点大，所以要想演好新角色，就得让自己变得更加轻盈灵活一些。正如我所说的，我现在的一切举动都是为了塑造符合自己的理想人生。"

在随后的岁月里，罗温·艾金森的生活有了巨大的改变，他推掉了很多让别人羡慕不已的表演机会，牺牲掉了无数的娱乐时间，放弃了许多和喜剧无关的事情，只为了能够更加专注地实现自己的目标。

罗温·艾金森的努力终于在多年之后有了巨大的回报。

很多年之后，当罗温·艾金森以"憨豆先生"这个角色享誉全球之后,他成了一个传奇。

当年的经纪人说:"他懂得自己想要什么样的人生,并且竭尽全力去塑造这样的人生。正因为如此,所以他能够取得今天这样辉煌的成就,一点也不让人惊奇!"

因为淡泊

静静地看人生,慢慢地回头,那些往事里总有一些温暖的迷惘,即使结局已是一个确定的答案,但我们的心仍然徘徊在其中,有时候甚至不能自拔。人生总有遗憾,所以难免会有无奈有悔恨,如果总是沉醉其中,那么生活将会是一种灾难而毫无乐趣可言。曾经从收音机里听到有这样一个女孩,她的男友和她分了手但没有说任何理由,于是痴心的她拒绝了其他异性的追求,苦苦地等了两年,因为她要有个说法,她要他给一个理由,如此的等待最后的结果是等来了他要结婚的消息。这样一个故事留下来的是无边的创痛和对那两年青春时光的无比痛惜,难道生命中真的只有执著和不能忘却吗?我想起了一盘磁带扉页上的一句话:从前以为拥有是幸福的,现在却明白舍得才是美满。

当我们以一种平淡的心情打开记忆时,看那些留在岁月里的心结便宛如天上飘动的云,卷卷舒舒,而许多美好的或者不美好的感觉就会扑面而来,因为淡泊,所以便可以从容面对。

坐看云起,明白了平平淡淡才是真,那些回忆似轻烟拂面而来又随风而去,心中或许有一刹那的惆怅,但这种些微流动的感觉已不能再伤害我们了。 坐看云起,我们在乎的不再是云起处那个莫测的世界了,满眼只是那种变幻的奇妙的美丽,满心是宠辱不惊的那种悠闲和快乐,也许我们的人生仍然充满波折,可是我们的心里已没有患得患失的懊恼和大悲大喜的起落情绪。日子如流水匆匆地逝去,站在现在展望未来回顾过去,总有一些留下,总有一些逝去,选择一个你喜欢并且感到舒适的姿势坐看云起,心中有感动但已无言。

比海水多的
是泪水

比海水多的是泪水

在恒河边，释迦牟尼佛与几个弟子一起散步的时候，他突然停住脚步问："你们觉得，是四大海的海水多呢？还是无始生死以来，为爱人离去时，所流的泪水多呢？"

"世尊，当然是无始生死以来，为爱人所流的泪水多了。"弟子们都这样回答。

佛陀听了弟子的回答，很满意的带领弟子继续散步。

我每一次想到佛陀和弟子说这段话时的情景，心情都不免为之激荡，特别是人近中年，生离死别的事情看得多了，每回见人痛心疾首地流泪，都会想起佛陀说的这段话。

在佛教所阐述的"有生八苦"之中，"爱离别"是最能使人心肝摧折的了。爱离别指的不仅是情人的离散，指的是一切亲人、一切好因缘终究会有散灭之日，这乃是因缘的实相。

因缘的散灭不一定会令人落泪，但对于因缘的不舍、执著、贪爱，却必然会使人泪下如海。

佛教有一个广大的时间观点，认为一切的因缘是由"无始劫"（就是一个无量长的时间）来的，不断的来来去去、生生死死、起起灭灭，在这样长的时间里，我们为相亲相爱的人离别所流的泪，确实比天下四个大海的海水还多，而我们在爱别离的折磨中，感受到的打击与冲撞，也远胜过那汹涌的波涛与海浪。

不要说生死离别那么严重的事，记得我童年时代，每到寒暑假都会到外祖母家暂住，外祖母家有一大片柿子园和荔枝园，有八个舅舅，二十几个表兄弟姊妹，还有一个巨大的三合院，每一次假期要结束的时候，爸爸来带我回家，我总是泪洒江河。有一次抱着院前一棵高大的椰子树不肯离开，全家人都围着看我痛哭，小舅舅突然说了一句："你再哭，流的眼泪都要把我们的荔枝园淹没了。"我一听，突然止住哭泣，看到地上湿了一大片，自己也感到非常羞怯。如今，那个情景还时常从眼前浮现出来。

不久前，在台北东区的一家银楼，突然遇到了年龄与我相仿的表妹，她已经是一家银楼的老板娘，还提到那段情节，使我们立刻打破了二十年不见的隔阂，相对一笑。不过，一谈到家族的离散与寥落，又使我们心事重重，舅舅舅妈相继辞世，连最亲爱的爸爸也不在了，更觉得童年时为那短暂分别所流的泪是那么真实，是对更重大的爱别离在做着预告呀！

"会者必离，有聚有散"大概是人人都懂得的道理，可是在真正承受时，往往感到无常的无情。有时候看自己种的花凋零了、一棵树突然枯萎了，都会怅然而有湿意，何况是活生生的亲人呢？

爱别离虽然无常，却也使我们体会到自然之心，知道无常有它的美丽，想一想，这世界上的人为什么大部分都喜欢真花，不爱塑胶花呢？因为真花会萎落，令人感到亲切。

凡是生命，就会活动，一活动就有流转、有生灭，有荣枯、有盛衰，仿佛走动的马灯，在灯影迷离之中，我们体验着得与失的无常，变动与打击的苦痛。

当佛陀用"大海"来形容人的眼泪时，我们一点都不觉得夸大，只要一个人真实哭过、体会过爱别离之苦。有时觉得连四大海都还不能形容，觉得四大海的海水加起来也不过我们泪海中的一粒浮沤。

在生死轮转的海岸，我们惜别，但不能不别，这是人最大的困局，然而生命就是时间，两者都不能逆转，与其跌跤而怨恨石头，还不如从今天走路就看脚下；与其被昨日无可换回的爱别离所折磨，还不如回到现在。

唉唉！当我说"现在"的时候，"现在"早已经过去了，现在的不可留，才是最大的爱别离呀！

就算
没有过

　　妻子死了，庄子却盘腿坐地、敲盆唱歌，脸上无半分悲伤。前来吊唁的惠子当即责问："你的妻子为家操劳一生，她年老身死，你不哭也就罢了，为何还有心情唱歌？"庄子答道："刚开始，我的确很难过。可是细想起来，在她出生之前，世上本来就没有这个人；现在她又回到了天地间，就像四季更替一样自然而然，所以我不哭。"

　　在庄子看来，生与死都是自然常态，无所谓得与失。我等凡夫俗子，终究难以领略庄子的智慧，痛苦自然也就在所难免。

　　有个安徽的农民工兄弟，在北京打工，虽说收入不多，日子倒也过得简单平静。这天，家里有事，返乡前要给老丈人买件衣服。衣服没挑到，他在市场对面的体育彩票销售点花八元钱机选了四注七星彩号码。回到出租屋，他顺手放下彩票，就匆匆赶上返乡的列车。

　　再回到北京，已是一个多月后。他出去重新找工作，半路上刚好捡到一张旧报纸，上面刊登了体彩中奖号码。他仔细一看，正是自己上个月买的那期，那组号码越看越眼熟，难道……他的心跳突然加速，飞奔回了出租屋。找出彩票，跟报纸上的一对，竟然一模一样，他不由得浑身颤抖，一颗心几乎就要跳出胸膛。特等奖：500万！

可等他赶到体彩中心，工作人员平静地告诉他，彩票是真的，中奖也是真的，但已过兑奖期，17天前就作废了！

从天堂坠入地狱，只是瞬间的事情。

命运跟他开了个天大的玩笑！大喜大悲之后，他整个人就变了，整天茶饭不思，精神恍惚。再后来，让家人最担心的已不再是钱的问题，而是这个人，怕他干傻事，只好派人轮流守着他。

他的思维已定格在那应得的500万上，再也无法往前挪动半步，深陷其中。换位思考，也就不难体会，换成别人，又有几人能坦然面对？岂止是金钱、权力、地位、爱情，人生种种无不在得失间转换轮替，非得即失。

如果我们愿意把时间倒回从前，也许你会突然发现，有些东西本来就不曾拥有过，又何谈失去？不过是从头再来。

蚕的心

孩子从学校带回一盒蚕宝宝,据他说,现在学校里流行养蚕,几乎人手一盒。

面对那些纯白的小生命,我感到烦恼了,因为养蚕的事看来容易,实践却很难。我童年的时候养过许多次蚕,最后几乎都注定了失败的命运。

孩子养蚕用的桑叶是买自学校的福利社,一包10元,回来后他把桑叶冰在冰箱里免得枯萎,我看他忙得不亦乐乎,却想到:万一学校福利社的桑叶缺货呢?

果然,没有多久,一天孩子满头大汗地从学校回来,说:"爸!糟了!天下大乱了!学校的桑叶缺货!"那天下午,我带他到台北市郊几个可能有桑树的地方去,都找不到一棵桑树,黄昏回程的时候,他垂头丧气地坐在车里,突然眼睛一亮:"爸爸,我们用别的树叶试试!"

"没有用的,千百年来蚕就是吃桑叶长大,它不可能吃别的叶子。"我说。

孩子说:"真的饿死也不吃别的树叶吗?我不信!"

"那么,你试试看!"

孩子兴奋地把家里种的树上的树叶各摘下一片，把冰箱的菜叶也找来了，不管他放下什么叶子，蚕总是无动于衷，甚至连动也不动一下，虽然它们看起来是那么饥饿，饿得快死了，也不肯动口尝尝别的叶子。

孩子突然问我说："如果，如果，一群蚕从生下来就让它吃别的树叶，不让它吃一口桑叶，它会不会吃呢？"

"你试试看吧！"

为了寻找这问题的答案，他更乐于养蚕（幸好第二天福利社的桑叶就送来了），蚕儿长大、成蛹、化蛾、产卵……当黑色像睫毛一样的小蚕孵出的那一刻，孩子就喂给它别的树叶，结果它们的固执和父母一样，连第一口也不肯吃。最后孩子不得不把桑叶放进去，它们立刻欢喜地开口大吃了。

小蚕对桑叶的坚固执著，令我感到非常吃惊。它们的执著显然不是今生的习惯，而是来自遥远前世的记忆，否则不会连平生的第一口都那么执著。面对蚕的执著，孩子学到了什么呢？他说："蚕的心，我们是不会知道的啦！"

是呀！蚕的心潜藏着轮回的秘密，孕育着业力的神秘，包覆着习气的熏习，或者是像海一样深不可测的。当然这些都无从查考，唯一可知的是它只吃桑叶，它只吐一种明亮、柔软、坚韧的丝。

世界的众生何尝不如此呢？每一众生的内在世界都深奥一如海洋。以蚕的近亲飞蛾来说吧！它们世世代代寻火而扑、在火中殉身，永不疲厌，是为了什么？以蚕的远亲蝴蝶来说，同一品种的蝴蝶，花纹世世代代均不改变，甚至身上的斑点不会多一个或少一个；而它们世世代代只吃花蜜，不肯改一下口味，这是为什么呢？

众生都有不能破除的执著，小似无知的昆虫大似灵敏的人，都是如此，众生的识执都有如海洋，广大、难以探测、不能理解。

在我们理想中的宁静、澄澈、深湛、光明的自性之海，要经过多么长远的时光，才能开显呀！

从一枚小小的桑叶，一只小小的蚕，我也照见了自己某些尚未破尽的烦恼。

到底是什么工作

"先生,我是来应聘的。"

"你可知道,这不是普普通通的工作,这是世上最艰难的工作!"

"站在你面前的,正是世上最优秀的员工!"

"既然如此,我们这就开始。请问,你具备采购、预算、记账、产品管理等经验与才能吗?"

"嗯……没……没有。但我曾经参加过青少年商社的一个活动,还在街上卖过衣架呢!"

"唔……你能不能敏锐地看出一个人的长处和短处,并扬长避短使其优势得到最大的发挥?"

"我在大学修过心理学。"

"若发生纠纷争执,怎么解决?这份工作充斥着争吵哭骂声,你得善于倾听,通情达理,面面俱到,让人心服口服。"

"嗯,这个嘛……我曾经成功说服警察撤销开给我的罚单。"

"好吧,如此看来,上面说的你都不怎么样。不过,说不定你会拥有我们最需要的才能。这份工作,这份世上最艰难的工作,最重要的一个能力就是:制造笑声。"

"制造笑声？您的意思是说笑话吗？我知道一个爱尔兰笑话，好好笑喔，很久很久以前，有两个爱尔兰人……"

"停停停！请问，你对道德与伦理有怎样的认识？有强烈的是非观念吗？是否能长期树立良好的形象？"

"道德与伦理？我写过一篇关于亚里士多德的论文，老师给了我个C＋呢！咦……好像是关于柏拉图的吧，记不大清楚了，我总把这哥俩搞混……"

"好了好了，我们继续。现在的社会到处都是陷阱，骗子横行，网络、电视等媒体也充斥着各种真假难辨的信息，你有信心应对吗？"

"我的社会经验不多，但是如果有人能明确告诉我，哪里有陷阱、骗子长什么样的话……"

"噢，上帝，你至少要有擅长的地方才行！干这份工作，你随时会急火上升，心慌气短。你有过人的耐心吗？"

"我很有耐心的，有次我为了一个汉堡包，足足等了5分钟，这才开始痛斥服务员！"

"这……说说你的事业抱负吧，你对5年后的自己有怎样的期望？"

"我想，通过在这份世上最艰难的工作中的优异表现，我会很快爬到金字塔的顶端的。"

"不，不，没有升职，你始终都是干同样的工作。"

"什么什么？永不升职？"

"对。"

"那……我的上班时间怎么安排？"

"这份工作要求每天工作24小时、一周7天从不间断，不休息，没假期。"

"不能休息？您是说，这份工作不但要多才多能，还得任劳任怨，不存在周末，甚至没有一刻空闲的时候……不过要是有助手的话，则另当别论！"

"没助手。"

"薪水必定奇高啰？"

"一分钱也没有，无偿工作。"

"无偿？"

"对，无偿。"

"喂，我说，这到底是份什么样的工作啊？"

"这份工作叫做……母亲！"

穿越时空的微笑

有一种力量穿越时空,穿越国界,穿越天地万物,只留在心中!

那是一种历尽劫难的力量,残缺而忧郁;那是一种无可退缩的力量,宁静而恒远。所有的眼泪,所有的悲苦,所有的希望和渴求,都化成一种雍容而安静的力量,直达心扉。

这就是吴哥,这就是高棉的微笑。

在柬埔寨行走,你享受的不仅是风景秀丽的心旷神怡,这片土地总是压抑着你心中的每一根神经。那些苦难深重,皱纹纵横的脸,那些失去了双腿坐在路边等待施舍的眼神,那些古老的,残破的,伤痕累累却又无可奈何地张扬美丽的奇迹,还有那刹那间卷走了光明与梦想的巴肯山落日,无时无刻不在震撼着你的心灵,于是,这一程本该快乐享受的旅程变得沉重而凝滞。

然后我看到了她。

她就那么坦荡地微笑着,小小的脸庞纯净而唯美,像是从来没有经历过一丝污染,又像是把人间的所有苦难看穿。一点点的腼腆,一丝丝的羞涩,心中有许多事眼里却闪着无限的希望。小小的心灵经历了什么,又忍受着什么,是什么样的力量,让她如此沉静，如此忧伤，却又如此美丽而纯粹地微笑着。

那一刻，我的心随之安静下来。

我终于明白，为什么在这片战火浴血，苦难深重的土地上，还是能创造出高棉的微笑这样伟大的奇迹。52尊佛塔，每一尊都在微笑，每个微笑都不一样：有的笑得含蓄，有的笑得开朗，有的笑得忧郁，有的笑得神秘。只不过，每一尊，都斑斑驳驳，镌刻着岁月的痕迹，但每一个微笑，都那么美丽纯净，动人心魄，都让你的心在刹那间停止一切躁动，变得安静而深远。

战火，死亡，贫穷，疾病。所有的苦难和险阻，都挡不住那丛林深处每天清晨的旭日，洒在那一尊尊神秘而动人的脸庞上。那一刻，微笑穿过千载的时空，反射到一个普普通通的孩子的脸上，让我看到。我相信，那一刻，她是在借这张脸告诉我：微笑吧，不管过去经历过什么，也不论未来等待着的是什么，只要你还在微笑，这个世界回报你的，就一定是微笑。

微笑，就是在地狱，也是盛开的莲花。

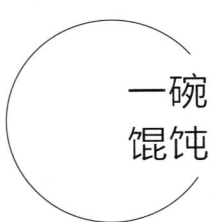
一碗馄饨

这天,白云酒楼里来了两位客人,一男一女,40岁上下,穿着不俗,男的还拎着一个旅行包,看样子是一对出来旅游的夫妻。

服务员笑吟吟地送上菜单。男的接过菜单直接递给女的,说:"你点吧,想吃什么点什么。"女的连看也不看一眼,抬头对服务员说:"给我们来碗馄饨就行了。"

服务员一怔,哪有到白云酒楼吃馄饨的?再说,酒楼里也没有馄饨卖啊。她以为自己没听清楚,不安地望着那个女顾客。女人又把自己的话重复了一遍,旁边的男人这时候发话了:"吃什么馄饨,又不是没钱。"

女人摇摇头说:"我就是要吃馄饨!"男人愣了愣,看到服务员惊讶的目光,很难为情地说:"好吧,请给我们来两碗馄饨。"

"不!"女人赶紧补充道,"只要一碗!"男人又一怔,一碗怎么吃?女人看男人皱起了眉头,就说:"你不是答应的,一路上都听我的吗?"

男人不吭声了,抱着手靠在椅子上。旁边的服务员露出了一丝鄙夷的笑意，心想：这女人抠门抠到家了。上酒楼光吃馄饨不说，两个人还只要一碗。她冲女人撇了撇嘴："对不起，我们这里没有馄饨卖，两位想吃还是到外面大排档去吧！"

女人一听，感到很意外，想了想才说："怎么会没有馄饨卖呢？你是嫌生意小不愿做吧？"这会儿，酒楼老板张先锋恰好经过，他听到女人的话，便冲服务员招招手，服务员走过去埋怨道："老板，你看这两个人，上这只点馄饨吃，这不是存心捣乱吗？"

店老板微微一笑，冲她摆摆手。他也觉得很奇怪：看这对夫妻的打扮，应该不是吃不起饭的人，估计另有什么想法。不管怎样，生意上门，没有往外推的道理。

他小声吩咐服务员："你到外面买一碗馄饨回来，多少钱买的，等会结账时多收一倍的钱！"说完他拉张椅子坐下，开始观察起这对奇怪的夫妻。

过了一会，服务员捧回一碗热气腾腾的馄饨，往女人面前一放，说："请两位慢用。"

看到馄饨，女人的眼睛都亮了，她把脸凑到碗面上，深深地吸了一口气，然后，用汤匙轻轻搅拌着碗里的馄饨，好像舍不得吃，半天也不见送到嘴里。

男人瞪大眼睛看着女人，又扭头看看四周，感觉大家都在用奇怪的眼光盯着他们，顿感无地自容，恨恨地说："真搞不懂你在搞什么，千里迢迢跑来，就为了吃这碗馄饨？"

女人抬头说道："我喜欢！"

男人一把拿起桌上的菜单："你爱吃就吃吧，我饿了一天了，要补补。"他便招手叫服务员过来，一气点了七八个名贵的菜。

女人不急不慢，等男人点完了菜。这才淡淡地对服务员说："你最好先问问他有没有钱，当心他吃霸王餐。"

没等服务员反应过来，男人就气红了脸："放屁！老子会吃霸王餐？老子会没钱？"他边说边往怀里摸去，突然"咦"的一声："我的钱包呢？"他索性站了起来，在身上又是拍又是捏，这一来竟然发现手机也失踪了。男人站着怔了半晌，最后将眼光投向对面的女人。

女人不慌不忙地说道："别瞎忙活了，钱包和手机我昨晚都扔到河里了。"

男人一听，火了："你疯了！"女人好像没听见一样，继续缓慢地搅拌着碗里的馄饨。男人突然想起什么，拉开随身的旅行包，伸手在里面猛掏起来。

女人冷冷说了句："别找了，你的手表，还有我的戒指，咱们这次带出来所有值钱的东西，我都扔河里了。我身上还有5块钱，只够买这碗馄饨了！"

男人的脸刷地白了，一屁股坐下来，愤怒地瞪着女人："你真是疯了，你真是疯了！咱们身上没有钱，那么远的路怎么回去啊？"

女人却一脸平静，不温不火地说："你急什么？再怎么着，我们还有两条腿，走着走着就到家了。"

男人沉闷地哼了一声。女人继续说道："20年前，咱们身上一分钱也没有，不也照样回到家了吗？那时候的天。比现在还冷呢！"

男人听了这句，不由得瞪直了眼："你说，你说什么？"女人问："你真的不记得了？"男人茫然地摇摇头。

女人叹了口气："看来，这些年身上有了几个钱，就真的把什么都忘了。20年前，咱们第一次出远门做生意，没想到被人骗了个精光，连回家的路费都没了。经过这里的时候，你要了一碗馄饨给我吃，我知道，那时候你身上就剩下5毛钱了……"

男人听到这里，身子一震，打量了四周："这，这里……"女人说："对，就是这里，我永远也不会忘记的，那时它还是一间又小又破的馄饨店。"

男人默默地低下头，女人转头对在一旁发愣的服务员道："姑娘，请给我再拿只空碗来。"

服务员很快拿来了一只空碗，女人捧起面前的馄饨，拨了一大半到空碗里，轻轻推到男人面前："吃吧，吃完了我们一块走回家！"

男人盯着面前的半碗馄饨，很久才说了句："我不饿。"女人眼里闪动着泪光，喃喃自语："20年前，你也是这么说的！"说完，她盯着碗没有动汤匙，就这样静静地坐着。

男人说:"你怎么还不吃?"女人又哽咽了:"20年前,你也是这么问我的。我记得我当时回答你。要吃就一块吃,要不吃就都不吃,现在,还是这句话!"

男人默默无语,伸手拿起了汤匙。不知什么原因,拿着汤匙的手抖得厉害,舀了几次,馄饨都掉下来。最后,他终于将一个馄饨送到了嘴里,使劲一吞,整个都吞到了肚子里。当他舀第二个馄饨的时候,眼泪突然"叭嗒"往下掉。

女人见他吃了,脸上露出了笑容,也拿起汤匙开始吃。馄饨一进嘴,眼泪同时滴进了碗里。这对夫妻就这样和着眼泪把一碗馄饨分吃完了。

放下汤匙,男人抬头轻声问女人:"饱了么?"

女人摇了摇头。男人很着急,突然他好像想起了什么,弯腰脱下一只皮鞋,拉出鞋垫,手往里面摸,没想到居然摸出了5块钱。他怔了怔,不敢相信地瞪着手里的钱。

女人微笑地说道:"20年前,你骗我说只有5毛钱了,只能买一碗馄饨,其实呢,你还有5毛钱,就藏在鞋底里。我知道,你是想藏着那5毛钱,等我饿了的时候再拿出来。后来你被逼吃了一半馄饨,知道我一定不饱,就把钱拿出来再买了一碗!"顿了顿,她又说道,"还好你记得自己做过的事,这5块钱,我没白藏!"

男人把钱递给服务员:"给我们再来一碗馄饨。"服务员没有接钱,快步跑开了,不一会,捧回来满满一大碗馄饨。

男人往女人碗里倒了一大半:"吃吧,趁热!"

女人没有动,说:"吃完了,咱们就得走回家了,你可别怪我,我只是想在分手前再和你一起饿一回,苦一回!"

男人一声不吭,低头大口大口吞咽着,连汤带水,吃得干干净净。他放下碗催促女人道:"快吃吧,吃好了我们走回家!"

女人说:"放心,我说话算话,回去就签字,钱我一分不要,你和哪个女人好,娶个十个八个,我也不会管你了……"

男人猛地大声喊了起来:"回去我就把那张离婚协议书烧了,还不行吗?"说完,他居然号啕大哭,"我错了,还不行吗?我脑袋抽筋了,还不行吗?"

女人面带笑容,平静地吃完了半碗馄饨,然后对服务员:"姑娘,结账吧。"一直在旁观看的老板张先锋猛然惊醒,快步走了过来,挡住了女人的手,却从身上摸出了两张百元大钞递了过去:"既然你们回去就把离婚协议书烧了,为什么还要走路回家呢?"

男人和女人迟疑地看着店老板,店老板微笑道:"咱们都是老熟人了,你们20年前吃的馄饨,就是我卖的,那馄饨就是我老婆亲手做的!"说罢,他把钱硬塞到男人手中,头也不回地走了……

店老板回到办公室,从抽屉取出那张早已拟好的离婚协议书,怔怔地看了半晌,喃喃自语地说:"看来,我的脑袋也抽筋了……"

分手时想想以前，那个陪你甘苦与共的人，一路走来。其实你们的故事并不短。时间慢慢过去，那些感动却一点一点封存。其实最疼你的人不是那个甜言蜜语哄你开心的人。也许就是在鞋底藏5元钱。在最后的时候把最后一点东西省着给你吃，却说不饿的人……

用大爱行小善

印度德雷莎修女生前曾说："穷人是上帝给的礼物。"对生命没有惭愧与遗憾的人，内心永远饱满自在。德雷莎修女与戴安娜王妃见面时，两人穿的衣服不能相比，可德雷莎丝毫不感到自卑，因为她一生都对世界有所付出，她拥有无数"上帝的礼物"。

我有个穷朋友叫黄少祺，其实我与他也只有一面之缘。一年冬天，快过春节了，在火车站送客时巧遇了他。他当时非常落魄，正为行人擦皮鞋。和他聊天时，才知道他在某鞋厂辛苦挣的一年工钱，全被小偷拿走了——他用的是"拿"，因为他相信，小偷可能比他更穷。他对穷人总是心怀慈悲，甚至不忍说一个"偷"字。为了挣足回四川老家的路费，他临时摆个摊，为行人擦皮鞋。黑市的车票奇贵，他买不起，车站的一手车票，他也买不起。我决定帮他，便用自己的记者证开了个后门，给他买了一张硬座票，无形中为他省了300元。他非常感激，说了一句我终生难忘的话："这个春节，是你给的！"

他言重了，我只是举手之劳，花不了多少力气，但他说："你用了心，这是最重要的！"他升华了我一件小小的事，让我的心情变得特别好。

这也是德雷莎修女生前所倡导的"用很大的爱，做小小的善事"。现在，黄少祺与我仍有联系，逢年过节，都会收到他诚挚的问候与祝福。从这个意义上说，获益者是我，他让我感到人生的美好。我们的世界，处处充满爱的呼应，不要只盯着富人的华服香车，其实，穷人赤诚的目光，一样是珍贵的，它让你坚持，更让你觉得一枚善良的硬币扔进捐助箱里，会有美丽的回音……

我曾经穷过，现在仍算不了大富，而且还有许多穷亲戚。有时，会觉得很烦，因为总有人伸手向我求助。现在，我想通了，尽自己所能给予需要帮助的人一点希望，哪怕你只给他一个面包、一瓶水。

这个世上，穷人与感冒是永远无法消失的，那么，就把它们当做上帝赋予的礼物接过来吧。偶尔感冒可以提高免疫力，小病就是福；而穷人是我们的参照系，让我们学会惜福、宽容与善良——善良也是需要终生学习的一门功课。

来到地球的勇气

来到地球需要相当的勇气。

所以,在地球的每一个人都应自尊自傲。

有一个人的经历很"杯具"。他和朋友通电话,外面下大雨,天降神雷,把他劈焦了。

这道闪电至少高达18万伏,电流烙得他浑身黑色纹路妖娆,整个心脏麻痹了三分之一,连专家都说这人肯定没救了。

结果他居然活了。

当他稍微能动,就开始了艰苦卓绝的复健工作。

他哥哥给他带来一本《解剖学》,又用衣架替他做了一个滑稽的头套,把铅笔插在上面,让他能利用铅笔上的橡皮擦来翻书。他对比着书上的图,从手上的一束肌肉看起,集中注意力,和它说话,诅咒它,并试着移动它。

几天后,深夜,他决定下床,身体落地时发出了"砰"的一声;然后他像毛毛虫一样蠕动身子,肚皮慢慢转动前进,天亮之前,终于又爬回床上,就像攀登山峰一般快乐和疲倦。

除了他自己,没有人相信他可以渡过难关。他竭力呼吸的模样让人觉得他不过是在奄奄一息挨日子。医生说:"让他回家过他最后的日子吧！"

雷击让他的大脑也受到了损伤。有一天，他发现自己坐在餐桌旁与一位女士说话，问："你是谁？"

对方一脸震惊："我是你母亲！"

两个月过去了，圣诞夜时，他决心自己走进餐厅。

从残障者的停车点起，他用两根拐杖撑着，缓缓地向前移动，他称之为"蟹行"，因为看起来像是半死不活的螃蟹拖着大钳子，越过干涸的陆地。十几二十分钟后，他终于进入餐厅，累得气喘吁吁。妻子叫了两碗汤放在面前，他头晕目眩，一头扎进汤里面。

医院的账单越积越多，他卖掉车子、股份、房子。他破产了。

他就这样债务压身，满身残疾。因为怕光，出门带一副焊匠用的护目镜，身体歪歪扭扭，看起来像个大问号，穿一件过膝的军用雨衣，撑两把拐杖，咔啦啦的前行。别人说他："那家伙看起来像是正在祈祷的蟑螂！"

有人问他为什么不自杀，他说我为什么要自杀？

当然有段时间他确实想死，因为实在是太痛苦了。可是他却撑了下来。

这个人叫做丹尼·白克雷。我在网络视频中见到这个人，长脸，络腮胡，声音有些尖细——估计电流让他声带受损，但丝毫也看不出来这个人是个被神雷亲吻过的残疾人。

他让我想起君王蝶。

君王蝶，黑黄相间的翅纹，看上去的确有帝王般的沉稳。它的翅膀轻盈舞动，像流动的彤云。当晚云镶着金边，就有这样的壮观。

得克萨斯州的格雷普韦恩市是君王蝶迁徙的必经之路，上百万只君王蝶途经这里，跋涉多达3200公里，飞往墨西哥过冬。

它们是蝶，不是鹰。

可是它们中任何一只都不会去想：我是蝶，不是鹰。我途中失败了怎么办？我这样辛苦值不值？

还有，每当秋风吹起，落叶初飞，在加拿大刚度完夏天的刺歌雀就成群结队飞往阿根廷，义无反顾，穿山越岭；一种极燕鸥，在北极营巢，却要到南极越冬；一种鳗鱼从内河游入波罗的海，横过北海和大西洋，到百慕大和巴哈马群岛附近产卵；还有，人类的精子。

生命的所有元素都是乐观的。

壮丽的乐观。

乐观是因为有信心，自己是受到恩待和眷顾的一群。

君王蝶不会觉得自己傻，鳗鱼即使被狗熊衔在嘴里，也不会后悔自己的远游。失败不可怕，灾难也不可怕，没有那种壮丽的乐观才可怕。

太阳会照耀雨会下，动物显然不担心明天的天气状况，会忧虑的只有人类。我们殚精竭虑，追求健康之道，却在追求的过程中越来越因为忧虑健康而变得衰老。

一本书中这样写:"来到地球需要相当的勇气。因为你们愿意来到宇宙中这狭小的空间做实验,所以,在地球的每一个人都应自尊自傲。"

那么,就带着自己的自尊自傲,以壮丽的乐观,像君王蝶一样,穿越生命,振翅而翔。

蜂鸟的眼泪

在英国一个非常宁静而美丽的小镇上，有一对非常恩爱的恋人，他们每天都去海边看日出，晚上去海边送夕阳，每个见过他们的人都向他们投来羡慕的目光。

可是有一天，在一场车祸中，女孩安娜不幸受了重伤，她静静地躺在医院的病床上，几天几夜都没有醒过来。白天，男孩彼得就守在床前不停地呼唤毫无知觉的恋人；晚上，他就跑到小城的教堂里向上帝祷告，他已经哭干了眼泪。

一个月过去了，安娜仍然昏睡着，而彼得早已憔悴不堪了，但他仍苦苦地支撑着。终于有一天，上帝被这个痴情的彼得感动了，于是他决定给这个执著的彼得一个例外。上帝问他："你愿意用自己的生命作为交换吗？"彼得毫不犹豫地回答："我愿意！"上帝说："那好吧，我可以让你的恋人很快醒过来，但你要答应化作三年的爱尔兰蜂鸟，这是世界上最小的鸟，你愿意吗？"彼得听了，还是坚定地回答道："我愿意！"

天亮了，彼得已经变成了一只微小漂亮的蜂鸟，他告别了上帝便匆匆地飞到了医院。安娜真的醒了，而且她还在跟身旁的一位医生交谈着什么，可惜他听不到。

几天后，安娜便康复出院了，但是她并不快乐。她四处打听着彼得的下落，但没有人知道彼得究竟去了哪里。安娜整天不停地寻找着，然而早已化身成蜂鸟的彼得却无时无刻不围绕在她身边，只是他不会呼喊，不会拥抱，他只能默默地承受着她的视而不见。

夏天过去了，秋天的凉风吹落丁树叶，蜂鸟不得不离开这里。

于是，他最后一次飞落在安娜的肩上。他想用自己的翅膀抚摸她的脸，用细小的嘴来亲吻她的额头，然而他微小的身体还是不足以被她发现。

转眼间，春天来了，蜂鸟迫不及待地飞回来寻找自己的恋人。

然而，她那熟悉的身影旁站着一个高大英俊的男人，那一刹那，蜂鸟几乎快从半空中坠落下来。人们讲起车祸后安娜病得多么的严重，描述着那名男医生有多么的善良、可爱，还描述着他们的爱情有多么的理所当然，当然也描述了安娜已经快乐如从前。

蜂鸟伤心极了，在接下来的几天中，他常常会看到那个男人带着自己的恋人在海边看日出，晚上又在海边看日落，而他自己除了偶尔能停落在她的肩上以外，什么也做不了。

这一年的夏天特别长，蜂鸟每天痛苦地低飞着，他已经没有勇气接近自己昔日的恋人。她和那男人之间的喃喃细语，他和她快乐的笑声，都令他窒息。

第三年的夏天，蜂鸟已不再常常去看望自己的恋人了。她的肩被男医生轻拥着，脸被男医生轻轻地吻着，根本没有时间去留意一只伤心的蜂鸟，更没有心情去怀念过去。

上帝约定的三年期限很快就要到了。就在最后一天，蜂鸟昔日的恋人跟那个男医生举行了婚礼。

蜂鸟悄悄地飞进教堂，落在上帝的肩膀上，他听到下面的恋人对上帝发誓说：我愿意！他看着那个男医生把戒指戴到昔日恋人的手上，然后看着他们甜蜜地亲吻着。蜂鸟流下了伤心的泪水。

上帝叹息着："你后悔了吗？"

蜂鸟擦干了眼泪："没有！""这是你的爱情缘分！"上帝又带着一丝愉悦说，"那么，明天你就可以变回你自己了。"蜂鸟摇了摇头："就让我做一辈子蜂鸟吧……这样，我会在激情的泪水中永远爱她……"

有些爱情缘分是注定要失去的，有些爱情缘分是永远不会有好结果的。爱一个人不一定要拥有，但拥有一个人就一定要好好去爱他（她）。

坠落的姿势

儿子10岁了,还整天缠着母亲讲故事,母亲拗不过,就讲了个真实的故事。

母亲说,那时我们住的楼房很旧,四层,楼道和走廊都跟地下室一样,黑咕隆咚的,常年散发着一种霉味。

母亲说到这里,目光忽然变得淡远悠长,说当然这些都不重要,因为我和你爸都年轻着呢,我们都很知足。

儿子笑着说,我那时在哪儿啊?母亲亲了亲儿子,说那时你还在妈妈肚子里呢。说完母子俩一起呵呵笑了。

后来那个地方被列为危房,要拆迁,就是要搬家了。我和你爸都已经做好准备了,要换新楼,谁不高兴啊,可忽然发生了意外,还差点酿成大祸。

儿子睁大眼睛,有点紧张了。母亲摸了摸儿子的头,说不怕,儿子,我们不是过来了吗?

看儿子恢复了恬静的神态,母亲接着说,这场灾难突如其来,事先一点预兆也没有。后来查明火灾原因是电线老化引起的,那火真的就像蛇一样,在房顶,在屋角,窜来窜去的,避之不及。只一会儿工夫,家具都哧啦哧啦地着起了火,屋里很快就灌满了浓烟，呛得人睁不开眼睛，而且有些电器也很快连上了火，发出一些刺鼻的气味。

那你们怎么还不跑啊，妈妈？儿子着急了地问。

母亲贴了贴儿子的脸说，跑啊，我和你爸那时什么也没要，只身跑向门口，可打开门一看，傻眼了，门外火势更加凶猛，我们根本不可能过去，只好又返身退回屋里了。

儿子这时眼里已蒙上了一层雾，说，那怎么办啊，妈妈？消防车呢？怎么还不来啊？

来了啊，可是车进不来，我们那楼房很旧，楼前只有一条不足两米宽的小胡同，消防车根本无法进来，叔叔们都到了楼下，可是没有水啊，什么也做不来。

屋里的火势越发大了，我和你爸已退到了窗前。我们家在三楼，如果从窗口跳下去，估计保住性命没有问题，可是妈妈那时正怀着你呢，而且你已经有9个月大，就快出生了，所以我们唯一担心的是这个。

下面的叔叔们知道了这个情况，都急着要爬上楼来，可是那些排水的管子也已经老化得不成样子，一拽就散了架，根本不可能爬上来。

别看你爸这么人高马大的，这种情况下也是束手无策，眼泪都快下来了。唉，其实也怨不得你爸，他是心痛咱娘儿俩啊！唯一的办法就是跳了，虽然危险，但却是必须。我和你爸紧紧拥抱，我们已做好了最坏的打算。

正准备要跳的时候，下面的消防叔叔很快找来一床毛毯，四个人扯得紧紧的，在上面看那简直就像一张色彩斑斓的海绵床，充满了诱惑。

我先是紧紧抓住你爸爸的手，顺着窗口，我慢慢地往下滑，我的脚都已经接触到二楼的窗子了，我的心却在一点一点地下沉，我忽然变得很烦躁，莫名的烦躁。下面已经有人在喊了，说可以啦，可以跳啦！你爸的胳膊这时候也是伸到了极限，他看着我，说我要松手了。我感觉到你爸爸的手在一点一点地松开，我忽然充满了恐惧，我像求生似的死死抓住你爸的手，我说拉我上去，快拉我上去。我的声音很大，就像是在嘶喊。你爸和下面的人都惊呆了。你爸惊异地看着我，不知道该怎么做了。

下面的叔叔急得不行了，向上面大声说，跳吧，大姐，时间不多啦，再耽误就来不及了。是的，这时候火势更大了，即使在外面，我也能够感受到灼热的温度。但我还是很坚定，我对你爸说拉我上去，再晚就来不及了。我想我那时的目光异常锐利，我看到你爸的眼睛明显暗淡了下去。我又说，你就听我这一次好吗？

你爸就这点好处，关键时候还是能听进我的话。母亲搂紧儿子，这时候竟然一脸的幸福，说幸亏你爸爸听从了我的话，他用尽力气又把我拉回屋里。屋里的温度已经不可能呆人了，我把头伸向窗外，然后上身尽量往外挪。我对你爸说，快，抓住我的两只脚往下放。你爸这时总算明白了我的意思，他很快就配合起我的行动。

就这样我头朝下,在你爸的帮助下,慢慢下滑。我能看到下面人们惊异和不解的目光,但我们没有停顿,直到你爸最终松开了双手。

后来呢?儿子紧紧偎在母亲怀里,小心地问。

后来我就在医院了,然后顺利地有了你。那我爸呢?儿子显然还沉浸在刚才惊心动魄的故事中,直到这时才想起了爸爸。

母亲微笑着说,你爸爸命大着呢,从3楼跳下来,掉在毛毯上,居然毫发无损。他后来告诉我的,我落下来以后,我的头部将毛毯钻了个大窟窿,好在没有继续坠落,我们马上就被送往医院了。

医生在做完手术后感叹地说,这次事件完全属于侥幸,如果不是这种惊人的跳法,恐怕母子二人的性命都难以保证。大家惊问其原因,才恍然明白,原来倒立下坠,腹中的孩子能够在坠落的过程中,接受母亲的心啊肝啊肺啊等柔软器官的保护,几乎销蚀了全部的冲击力。

母亲亲了亲儿子,说可我当时唯一想到的是,我不能让我的孩子先着地啊,就这么简单呵!

儿子幸福地笑了,说,妈妈,你往下落的时候不怕吗?母亲这时候竟然一脸的神往,微笑着说当时的那种感觉,现在想来,真有点妙不可言,仿佛是在飞……

为爱
而赴死

2004年,44岁的湖北巴东县女工殷顺玉长期患风湿性心脏病已到了四级心力衰竭的地步,死神已悄悄地向她招手。多年连续住院让唯一的儿子不得不退学打工。这些年,因为无力负担高额的医药费,她就在病重时住院治疗、病轻了就回家的煎熬中等待死亡。

2月底,她在当地报上看到,一位叫王飞越的肝癌患者去世时捐出了自己的眼角膜,让4个人重新看到了光明。尤其是王飞越临终前的一番话更让殷顺玉震撼:"其实我没有离开你们,我的生命在你的双眼里延续着。我希望你好好地保护自己的眼睛,替我看看这个美丽的世界。"

读完这句话,殷顺玉的眼前似乎豁然开朗,她突然不再恐惧死亡。第二天,她就给深圳眼科医院的姚晓明博士写了一封信:"……我是一个即将离开这个世界的中年女人,今生今世,我对国家没有作多大贡献,死后我想把眼角膜捐献给那些需要帮助的人,使他们得到救助,也使他们的生活美满,家庭幸福。"信发出几天后,殷顺玉的病情又向死亡靠近了一步!她迫不及待地给姚晓明博士打了一个电话,强烈表达了自己病情危重、放弃治疗要来深圳等死,并在死后捐献眼角膜的要求。多年来,姚晓明接待过许多捐献眼角膜的人,但未亡者放弃治疗来等待死亡捐献的,却从来没有!所以,他坚决不同意,安慰一番后让她继续治疗。后来,他们之间又通了几次话,殷顺玉的态度非常坚决。这让厚道的姚晓明心生敬佩与感动。

5月18日,殷顺玉终于接到姚晓明的电话,同意他们来深圳,费用由他承担,但必须以治疗为主,捐献之事以后再说。当天,殷顺玉变卖了全部家产,将医生给她带的救命药全部扔在了垃圾箱里,她说:"我根本不打算回来,要这些药有什么用!"

第二天,母子登上巴东开往宜昌的客轮。18个小时后,母子俩又挤上了武昌开往深圳的T175特快列车。当列车快要到长沙时,殷顺玉突然发病昏倒,儿子翻遍全部行李也没有找到一点救命药——母亲全都扔了啊。在列车上找到一点药后,儿子连忙给姚晓明打电话,姚博士说:"一定要让你妈下车!眼角膜我要不要都没有关系,先把你妈的命救了要紧,活着比什么都重要。"这时,清醒过来的殷顺玉一把抢过了手机:"姚博士,我坚决不下车,我就是死也一定要死在深圳!"

半小时后列车到达长沙,在列车长的联系下,长沙站内已有一辆救护车等待他们。然而,当医生冲上前来时,殷顺玉却死死拉住座位旁边的小桌子不肯下车!儿子想掰开她的手,却发现母亲的手力大无比,怎么也掰不开!她就是一句话:"我死也要死在深圳!"10分钟过去了,列车就要开了,看着周围焦急的医生及列车员，善解人意的殷顺玉主动提出让儿子在客运记录上写下了8个字——"拒绝下车，后果自负"。这样，列车载着一颗慨然赴死的普通女工的心、一颗临死也要为别人付出的爱心飞向深圳！

一到深圳，殷顺玉就被火速送往深圳市心血管医院。检查后发现，她的心脏已是正常人的两倍大，非常危险！但在随后检查中发现，她的病情并非不治，可以做一个心脏手术存活下来，而且手术成功率高达95%！这时，殷顺玉不远千里放弃治疗慷慨赴死来深圳捐献眼角膜的事迹已感动了深圳所有人。几天后，在深圳狮子会和医院的共同努力下，6万元手术费全部到位。6月1日，殷顺玉成功地进行了心脏手术。20天后，她以一个正常健康人的身份向给了她第二次生命的所有关心她的人一一告别！

当姚博士问她当时为什么死也不下火车时，她说："我看报纸知道，眼角膜必须在死后12个小时内摘除，超过时间就没用了。当时列车离深圳还有不到9个小时的路，只要我不下车，就是坚持不到深圳死了也能将角膜捐献给别人。而如果在长沙下车，无论怎样也实现不了这个心愿啊。"

爱是可以传染的。这是世界上唯一能让人们觉得幸福的"传染病"。殷顺玉因受王飞越爱的传染而拥有了爱。当她将自己的爱传递给他人时，他人也会将爱的火炬高高擎起。

爱是不求回报的。这是世界上唯一一种不为世俗与金钱所撼动的情感。但当爱与爱融合与燃烧的时候，爱者与被爱者都会获得涅槃。为爱赴死,因爱而生!这充满戏剧性的生命轮回是否向人们昭示着:去爱吧,爱自己,更要无私地爱别人。有时,爱别人就是爱自己!当你将爱毫无保留地奉献给别人的时候,你也就获得了整个世界。

因爱躲过暴风雪

从小特别喜欢探险运动的林娜之所以选择留学美国，是美国俄勒冈州胡德山对她的诱惑。林娜梦想着自己有一天能够攀登上这座海拔3350多米的雪山之巅。

留学第二年的暑假，是探险者攀登胡德山的最佳季节，林娜和男友雷宁决定利用这个假期去攀登、征服胡德山。雷宁是林娜的校友，两个异国青年能够迅速成为恋人，是因为两个人都对攀登胡德山情有独钟。一个阳光明媚的中午，林娜、雷宁以及另外4名同样渴望征服胡德山的探险者结伴来到胡德山脚下。第二天一早，6名探险者开始攀登胡德山。

6个人的攀登非常顺利，他们在中午之前就成功地到达了胡德山顶峰。短暂的庆祝后，6个人开始下山。当下到2600米左右的时，刚刚还艳阳高照的雪山突然狂风骤起，大雪弥漫。一个小时过去了，6个人只移动了不到200米，照这样的速度下山，即便他们选择的方向正确，下到山脚下至少需要十多个小时。危情让每个人的心都变得更加紧张，这时意外又发生了，雷宁扭伤了右脚。雷宁的无法行走，让所有的探险者都不得不停下脚步，几个人商量着该如何面对这一突发事件。

在生与死的对峙中，大家决定留下雷宁，其他人下山后，找救援者救雷宁。而林娜则说："你们走吧，我留下来陪雷宁。"几个人都愣住了。好一会儿，有人问林娜："你想好了吗？留下来可能只有死亡。"林娜的回答斩钉截铁："我流下来，至少雷宁可以不孤单。"雷宁则对林娜吼叫，甚至怒骂："死一个还不够吗？你必须跟他们一起走……你是一个傻瓜……"所有人的劝说以及雷宁的吼叫似乎都被风雪吸纳进去，林娜挽着雷宁的一只胳膊，用轻柔的声音提醒着雷宁："我们要尽量少说话，要尽量节省体能……"

另外4名探险者再次抱着对生的期待踏上了回程，很快就消失在风雪中。而林娜则挽扶着雷宁挪到一处稍稍背风的一点儿的山窝处，彼此依靠着，等待救援。风雪在第二天上午9时左右才停下来，天空重新恢复了明媚。持续的寒冷让林娜和雷宁都昏迷过去。上午10时20分左右，一架搜寻登山者的直升机发现了紧紧依偎在一起的他们，经过紧急抢救，当天夜里，两个人都恢复了意识。又3天后，救助搜寻队在一道深40米的冰裂缝中发现了另外4名探险者的尸体。

事后，有记者采访林娜，问她和雷宁是怎样创造生还奇迹的，林娜说道："是爱，是我和雷宁生死相依的爱，帮我们躲过了死劫。"

与"索马里"的战争

"嗨,索马里,借一下你的手机。"我用书脊敲前座索马里的背,"快点!""索马里"真名叫苏马立,因为谐音而被大家称为"索马里"。

索马里没有反应。

我抓住他的衣领往上提:"手机借我,听见没?"

"肯尼亚,你哪只眼睛看见我带手机啦?"那家伙斜过来一只肩膀,脸却懒得转过来。我的名字叫柯倪亚,故被同学们叫作"肯尼亚"。

"我两只眼睛都看见了。"我说,"借我嘛,给我爸打个电话而已。"

"我没有手机。"他再次一口回绝。

我握紧拳头有动武的意思。

同桌韩敏敏一把拽住我的衣服:"哎呀,不要冲动!冲动是魔鬼,会把事情搞得很糟糕。"

我放下拳头对着索马里的后背不停地哼哼:"有什么了不起?不就是一只手机吗?现在满大街都是你那种手机,不用出钱买,只要充话费就能得到!有什么稀奇……"

一不小心我把自己变成了啰啰嗦嗦的大妈。

才过一会儿，阿sir进来了，尖着下巴青着脸，仿佛全班都欠他人民币。轮到他晚自习时值班，气氛总特别沉闷。教室里相当安静，每个脑袋都听话地微微垂下，盯着自己的一方桌面，或冥思苦想，或奋笔疾书。我撇撇嘴站起来检举："老师，有人带手机。"

全班惊愕。

"谁？"阿sir两眼放光。"苏马立！"三个字才从肚皮里蹿到喉咙口，没等说出来，我的脚背忽然被暴踩了一记。"啊哟喂！"我忍不住叫。看不出韩敏敏平日里温和秀气，没想到"下脚"这么重。

我一个劲儿朝她翻白眼。

阿sir已经站在我身边了："柯倪亚，你一惊一乍的干什么？到底谁带手机了？"

"那个……"我犹豫着要不要说。

"是我。"

所有的目光投向索马里。

他叉腿站起来的同时从桌肚里拿出手机放在桌面上。

同学们都吓了一跳。

谁都知道苏马立家生活条件差，谁都知道他妈跟人跑了，谁都知道他和得了抑郁症的爸爸相依为命，谁都知道学校明令禁止学生带手机，可是他居然掏出手机来了。

"苏马立,你赶什么时髦?"阿sir有点激动地抓起那只被大家的目光灼得滚烫的手机,"到我办公室来。"

周围寂静得出奇。索马里跟在阿sir后面走出教室,一副心事重重的模样。

等看不见他了,大伙儿把目光转回我脸上。

"都是你。"韩敏敏嘀咕,"太不够意思了。"

"是他先不够意思。"我强词夺理,"谁让他不借我手机?我闹经济危机呢,想发条短信叫我老爸捎钱来,打银行卡上也行。"

"明天就星期五了,你等不及回府啊?"

"我的思想可以等,肚子不可以等啊。"我叹息着说,"一个星期120元生活费,怎么够啊?稍微吃好一点,只能活三天。"

韩敏敏瞅瞅我的嘴巴,瞟一眼我的肚皮,摇摇头不说话。

过了好一会儿都不见阿sir和索马里回来,我溜出教室来到宿舍楼门口找电话机。

真的,我口袋里那一点点钱只能挨到明天上午,要是再不来钱,明天中午只能喝自来水充饥了。

我实在是想不明白,家里明明有的是钱,为什么老爸偏偏只给那么一点生活费?我每周在学校吃5顿早饭、5顿午饭、6顿晚饭,加起来16顿,120元哪够?

"喂,老爸,没钱吃饭了。"我对着话筒喊。

"嗯。"

"你是叫人捎来还是直接打我卡上？"

"你自己解决。"

老爸说完就挂了电话。

"什么意思啊？"我站在那儿半天回不过神来。

有两次也是120元不够花，前一次是老爸打我卡上100元，后一次叫人捎来50元。

这次怎么回事？我自己怎么解决？

我闹着情绪在校园里溜达了好一会儿，直到晚自习下课才回寝室，拉开门瞥见索马里枕着手臂倒在床上。

"嘿嘿！"我有点幸灾乐祸，"挨批了吧？带手机来干吗！"索马里翻个身给我一个屁股。

"肯尼亚你少说两句行不行？"室友K朝我嚷嚷。

其他哥们也纷纷朝我看，面无表情。

我意识到晚自习上的不仗义引起了公愤。天底下最可恶的，莫过于出卖朋友的人。

是我当时太冲动了，但我没说出索马里的名字，是他自己犯贱承认的嘛。

不过我对阿sir怎么处理手机事件有些好奇，于是忍不住去拍索马里的脊背："睡啦？"那家伙没动静。"手机呢？"我把脑袋凑过去。

他还是装聋作哑。

我急了："手机被阿sir没收了吗？不会吧？阿sir连你那种

便宜货也有兴趣？你也真是的，没事儿买手机干什么？你说你没事儿买手机干什么！"

索马里猛地坐起来，直勾勾地看着我，我们的额头只有0.1厘米的距离。

我吓了一跳，缩着脖子走向卫生间。

唉，看样子索马里的手机真的充公了，不然他怎么会朝我扮酷！他平时挺温和的。

第二天早上，我把仅有的钱全部用来买早饭。老爸毕竟是老爸，虽然嘴上说"你自己解决"，实际上还是会给我钱的。我有把握。

可是一直等到中午都没人给我送钱，卡上也没多出钱来。

我气得要长胡子了。

午饭的时候，身无分文的我走进食堂，特像一个乞丐。

唯一的办法只能向别人借钱了。可这种事叫我怎么开得了口？好歹我是我老爸的儿子，好歹我老爸是个还算成功的商人，好歹我还有一点尊严和骄傲。

大餐厅里弥漫着浓香的饭菜味儿，真的很香很香，这种香是我之前没有在意过的。我排在队伍里犹豫着，矛盾着。最后自尊战胜了一切，在终于轮到我买饭时，我使劲咽了口唾沫，一拍屁股溜了。

"你不吃饭啦？"眼尖的韩敏敏端着饭盆堵在我跟前。

"吃过了。"

我说完歪着脑袋走出餐厅。

口袋空空，肚皮空空，我成了世界上最可怜的人。下午还有半天课呢，怎么受得了？

我独自趴在教室前的栏杆上揉肚皮，一边揉一边看着满嘴流油肚皮滚圆的同学们陆续走出餐厅去操场散步或者返回教室。

于是，我在心里一个劲儿埋怨老爸的吝啬和冷酷。

"不去吃饭，想当饿死鬼吗？"

我转过脸看见索马里站在我跟前。好家伙，他居然主动搭理我！

"怎么可能？我这么帅这么有风度，饿死了也成不了鬼。"我强颜欢笑。

"走。"索马里把头一甩，"去吃饭。"

"我，我吃过了。"

"走吧。"

我有点激动地跟着他重回餐厅。什么自尊，什么骄傲，统统见鬼去吧！

真的是吃饭，根本就没有菜，只有免费汤。

索马里把一盆喷香的白米饭和一碗紫菜蛋花汤端到我面前，自己捧起另一碗汤，一股脑儿浇进白米饭里："吃吧，将就一点。"

我张嘴想说什么，又咽了下去，学着他的样子连汤带饭一起往嘴里扒。

出乎意料的好吃。

我喂饱肚子后，忽然觉得欠了索马里一个大大的人情。

上完下午两节课后就放学了。

说好下午4点家长来接的，老爸却迟迟没来，也没派车来。

我拐着行李守候在校门口，看见索马里背着包朝公交车站走去，步履匆匆。

坐公交车一定很拥挤很难受。我似乎已经不记得仅有的一两次坐公交车的感受了。

就在我呆头呆脑回忆坐公交车的感受的时候，阿sir从一边走过来了。

"柯倪亚，我有事找你。"我望着他惯有的严肃表情，突然想起他没收了索马里手机的事，便挺起胸膛说："我也有事找你。"

我想帮索马里把手机要回来。

阿sir双手插在牛仔裤兜里，说："什么事？"

"你先说你找我什么事。"我说。

阿sir从裤兜里掏出一张5元面值的人民币："拿去。"

我眼睛发亮："是我老爸叫你捎给我的饭钱吧？怎么只有5元？起码也得50元！怎么到现在才拿出来，我都……"

"的确是你老爸叫我给你的。"阿sir一本正经地说，"但不是饭钱，而是回家的路费。他打电话给我，说是没时间来接你，让我借钱给你，叫你自己坐公交车回家。""天啦！"我惊叫起来，"他自己没空可以叫司机嘛！司机没空也可以再派其他人嘛！我是不是他儿子？"

"是他儿子，你就听他的话。"阿sir把5元钱塞进我手里。

我把5元钱揉在手心里，气鼓鼓地说："他不派车来接，我就不回去！他也太过分了，不给我饭钱，还让我坐公交车……"

沉默了一会儿，阿sir说："你还没说你找我什么事儿。"

我说："你为什么没收索马里的手机？哦，苏马立。"

"谁说我没收了他的手机？"阿sir说，"肯尼亚，你说的？"

他居然知道我的绰号！

我浑身不自在了："你真的没有没收他的手机？"

"那手机对苏马立太重要了，我不能没收。"

"啊？"我脑子不够用了。

"告诉你也无妨。"阿sir说，"前段日子他爸爸的抑郁症加重了，医生说除了适当的药物治疗，一定要有亲人的交流和关心，病才不至于继续恶化。可是苏马立一个星期有5天不住在家里。为此居委会送了他们父子俩每人一只手机，苏马立每天早晚发短信问候和关心他爸爸。"

原来如此。

相比之下，我终于看清了自己的狼狈与无知。

我默默地展平手上的5元钱，一步一步朝公交车站走去。我终于懂得爸爸的心思，终于知道该怎样长大。

走正
　人生的道路

一个人一辈子一件事

如果不是错失了两次机会，"杂交水稻之父"袁隆平的人生，也许会被完全改写。袁隆平从小就热爱游泳，不到十岁时，就敢横渡长江；16岁时，在武汉读高中，参加湖北省举行的游泳比赛，一举获得汉口赛区男子百米自由泳第一名和全省男子自由泳第二名；考上西南农业大学后，他是全校的游泳冠军。一次，西南赛区进行了选拔赛，前三名，将被选入国家游泳队，成为专业游泳运动员。很可惜，这一次，袁隆平只获得了第四名，因一名之差而惨遭淘汰。袁隆平错失了自己人生的第一个改变命运的机会。

机会再一次向袁隆平招手。大学快毕业那年，部队招收空军飞行员。当时，全校报名的人数达到了800人，经过严格的体检，最后，只有8人通过了全部的36项指标测试，袁隆平幸运地成为其中之一。即将成为一名光荣的空军飞行员，这对年轻的袁隆平来说，确实是一件大喜事。可是，在即将进入空军预备班之前的庆祝八一建军节晚会上，袁隆平和他的同学们被告知，大学生一律被退回。原因很简单，当时国家已经制定了第一个五年计划，国家建设需要一大批知识分子，而其时全国只有区区20万名大学生，大学生太高贵了。空军放弃大学生，是为了让他们在自己所学的领域，为祖国建设作出更大的贡献。袁隆平因此再一次与近在眼前的机会失之交臂。

就这样，袁隆平痛失了两次绝好的改写人生的机会。

采访袁隆平院士的记者，在听了袁老自述的这两个故事后，连用了两个"幸亏"：幸亏当时你没有被选入游泳队，成为一名专业运动员；幸亏当时国家出台了新政策，你没有成为一名飞行员。

可是，这两次机会，对当时还只是一名农大的普通学生来说，却是十分难得的机遇。我忽然想，假如袁隆平抓住了这两次机会，他的人生将会怎样？

以袁隆平当时的身体素质来看，经过系统专业的培训后，袁隆平可能会成为一名不错的游泳运动员，甚至有可能进入全国前三名。退役之后，他也许会向大多数运动员一样，成为一名教练员；抓住了第二个机会后，袁隆平会成为一名令人羡慕的飞行员，在蓝天飞翔，是多少人的梦想啊。然后，他有可能成为一名飞行教官，直至光荣退休。

运动员和飞行员，这都是受人尊重的职业，以袁隆平一向不服输的性格来看，无论在哪个行业，他都可能有所作为。但是，如果那样的话，袁隆平从小就想学农的梦想，就很难实现；我们今天，就没有了"杂交水稻之父"，就没有了他培育出的可养活7000万人的水稻增产。所以，我们说，幸亏袁隆平没能抓住人生中的两次重要机会，幸亏他一直没有改变对于粮食和农业的梦想。

袁老说得好，一个人一辈子做好一件事，就足够了。他这一辈子，就做好了一件事，培育优良的杂交水稻，解决人类的粮食问题。

每个人都会怀揣着各种各样的梦想，一生中也会遇到各种各样的机会，然而，梦想无限，生命有涯，你不可能实现每一个梦想，也就不需要抓住每一次机会。坚守一个梦想，抓住一次机遇，专心努力一辈子，你就可能在某个领域有所作为。

交50个朋友

儿子回来的时候很沮丧。他垂头丧气进了门，回到自己房间里关上门不肯出来。在外面仔细地听，能听到里面有抽泣的声音。我有些担心，又害怕贸然进去会让他更加尴尬。

一个7岁的孩子，从中国和我一起来到日本，3个月时间就融入了日本的生活，在小学表现不错，是件了不起的事情。我一直在暗地里为他感到骄傲，我甚至觉得，他比我更像个男子汉，没有什么事情能够难倒他。

吃晚饭的时候，儿子眼睛有些发红地走了出来。饭桌上，我问他："是不是遇到了什么问题？说出来我们一起解决。"

"我一年级的功课没有及格。"儿子声音低沉得像他的心情。我震惊，不可能，儿子的功课自从转学后一直很出色，在整个年级都是前列的。

我决定跟儿子一起去领通知书的时候到学校看看。见到我，他的班主任大岛老师非常高兴，她抚摸着儿子的头对我说："林杰是个非常出色的孩子，学习很努力，也取得了很好的成绩。"

这个说法和儿子跟我所说的似乎天差地别。我问大岛老师："林杰说自己的功课没有及格是怎么回事？"

大岛笑了笑说:"林先生,林杰没有说错。他的其他功课,成绩很好,但一年级学生最重要的一项功课却没有完成。"

说着,大岛看着林杰,轻轻地唱起了一首歌。这首叫《我要在一年级交50个朋友》的儿歌我听过,在每个孩子转学或者入校的时候,都要学习演唱的。大岛认真唱完后说:"林先生,我想您已经明白了。我们一年级学生最重要,也是最需要完成的功课就是学会交朋友。在学校完成结交50个朋友的任务才算合格。"

我感到这个要求很无聊,甚至有些变态。

回去后,一边叮嘱儿子,要在二年级时完成这个任务,一边在公司里私下对一些中国同事腹诽日本学校这个制度。

可是,一个来日本15年的上司却拍拍我的肩膀说:"林刚,你错了。其实这个功课对于人来说,一生都是很重要的。你在儿时就学会了交朋友,拥有了结交朋友的能力,那么随着你的长大,你的朋友会越来越多。这些儿时的朋友长大后不可能都在一个领域发展,所以,你就拥有了一个资源丰富的人脉圈。"

说到这里,上司叹了口气说:"林刚,就算放下我刚刚说的那种长远的打算来说,你想一下,在来日本之前,你的儿子每天放学后会做些什么?无非是写作业,看电视,或者一个人玩游戏。而现在呢,我估计每天都会有人去找他一起出去玩耍。如果你仔细观察的话就会发现,他现在比以前要快乐得多。这就是友情的力量,起码让他拥有一个快乐的童年。"

上司的话让我想了很久。联系到自己到日本以后的种种,对于这个制度，我也开始转变了态度。我发现日本人都有一项本领，那就是在和你认识，或者需要合作后，他们能很快地走进你内心的世界，让你觉得和他们在一起是值得的。而在国内的时候，想和一个陌生人产生这种情感，却很难。

都说现在是个个性的年代，都说真正的英雄寂寞且孤单。但是我想，或者对于包括我在内的许多人来说，在人生当中都没有完成这个一年级的功课。从明天开始，交50个朋友如何？相信一定可以给你一个更加丰富的人生。

阿里的两个贵人

马塞勒斯·克莱出生时,接生医生费了很大的劲才用钳子把他的头拔了出来,以致在他脸颊上留下了两块终生难消的疤痕。小克莱虽然出生时遭此一劫,但成长还算顺利。不过身体比较瘦弱,他常常受到其他小朋友的欺侮。

克莱13岁生日那天,父亲用积蓄买了一辆自行车,作为生日礼物送给他。这是克莱渴望已久的礼物,他高兴得立刻骑上自行车出门兜风去了。向附近的小朋友炫耀过他的新车后,他准备骑车回家。这时,杜勒斯突然拦在了他面前:"这辆自行车看起来不错,它是我的了。"

杜勒斯与克莱同读一所学校,但比他高一年级,是个身高体壮的白人男孩,在学校是有名的打架大王。他一把夺过自行车,骑上就准备开溜。"不!不!这车是我的!还给我!"克莱情急之下,死命拉住自行车后轮架不放。

一贯蛮横的杜勒斯没想到身体如此瘦弱的克莱竟然会反抗,他恼怒地跳下车,挥起拳头,将克莱打得满脸是血,然后骑上自行车扬长而去。可怜的克莱边哭边向警察局走去,他太爱这辆自行车了,他要叫警察帮他要回来。

在警察局，克莱幸运地碰到了一个叫马丁的黑人警察，他认识克莱的父亲。听完克莱的哭诉，他拍了拍他的小脑袋，说："小家伙，车我可以帮你找回来。但是，以后要想不挨揍，自己得先学会打架。"说着，马丁弓腰侧身，做了一个拳击动作："喏，很简单，就这样。"

没有人知道，马丁这样一句听起来很平常的话，一个看上去很简单的动作，在这个黑人少年心里产生了巨大的震撼，他的心里瞬间升起一个不可遏制的愿望：我要学拳击！我要用拳头把杜勒斯打败！

克莱的父亲听说儿子要学拳击，先是大吃一惊，继而一想，儿子身体瘦弱，练练拳击，增强体魄，也好。便把孩子送到附近一家拳击训练俱乐部。

报仇的念头驱使着克莱拼命地训练，沉睡在少年身上的拳击天分被激活了，他的成绩提高得很快，身体一天天强壮起来，负责训练他的教练禁不住暗暗惊叹！仅仅三个多月的时间，克莱仿佛脱胎换骨一般，变得强壮而敏捷。

一天在学校体育馆里活动，克莱一时性起，当着大家的面，憋足力气，一拳竟将吊着的沙袋打破了，周围的同学个个看得目瞪口呆。有一个与他要好的同学说："你现在这么厉害，可以去找杜勒斯报仇了。"

克莱听了，淡淡一笑，说："教练说了，拳击不是用来打架的。再说，他也没有练过拳击，我就是打赢了他，也不光彩。"

五年后，克莱摘取了1960年罗马奥运会轻量级拳赛金牌；又过了四年，克莱成为世界重量级拳王。新闻发布会上，新任拳王大声宣布："我不再是马塞勒斯·克莱，那是奴隶的名字。从今以后，我是穆罕默德·阿里。"

阿里最终成为有史以来最伟大的拳王，他一生征战61场职业比赛，只输了5场。

在阿里最近出版的自传里，他说："我一生有幸遇到了两个贵人，一个是马丁，是他让我走上拳击的道路；另一个是杜勒斯，如果最初我没有把他当作敌人，当作我一心想要打败的对象，我也就不可能有今天。我非常感激他。现在，我和他是很好的朋友。"

是的，每个人的一生中都可能遇到帮助自己的贵人。只是，千万别忘记了，那些我们想要战胜的对手激发了我们的斗志，成就了我们的事业，他们也是我们生命中的贵人。

没有镜子
也能看清自己

为了和尼加拉瓜原始部落交流陶艺，我下了公路沿着陡峭崎岖的小路步行近4个小时，来到了洛斯查库特斯——一个土地龟裂，终日受太阳烘烤的原始部落保留地。这是一片与世隔绝的荒凉的黄土地，点缀着几个草棚，我在那里遇到了皮莱太太和她的家人。

他们请我坐在一片树阴下，找出家里的陶器送给我研究。当我拿出相机拍照时，皮莱渴望地问我是否可以给她的全家也拍一张，我愉快地答应了这个请求。

几周后，我返回皮莱的部落举行一个关于现代制陶工艺的讲座，打算顺便把那天的合影交给她。当我迈过低矮的篱笆，进入她家小院时，皮莱兴奋地从屋里跑出来，无比热情地拥抱我之后，渴望地问："你带来照片了吗？"我从口袋里掏出照片。照片中皮莱一家九口人带着相似的笑容神采奕奕地站在一起。

皮莱盯着照片仔细地研究了好长时间。然后，她指着照片里一位身材矮小，头发灰白，穿褪色蓝布裙的慈祥老妇人试探地问："这是我吗？"

我猛然意识到皮莱不知道自己长什么样子！环视四周，我这才发现这里没有一面镜子。

我问她是否用过镜子。她回答说,很久以前家里有过一面镜子,但早就破碎得不能用了。皮莱的声音听上去很愉快,没有丝毫遗憾,就好像在说天边飘过的一片云,"有时候,如果光线刚好,我在装满水的水罐里也能看见自己的倒影。"我知道对这里的居民来说,拥有一满罐清水的机会微乎其微,他们得到的有限的一点儿水必须排队一杯一杯地从地下积水池舀出来。

我想起自己到处镶满镜子的公寓;想起浴室里的放大反光镜(用来精确观察脸上的雀斑和皱纹)、三折镜(用来检查我的后背和侧面)、无处不在的小手镜。今天女人们长时间坐在各种镜子跟前批判自己的皮肤和体重、叹息青春不再、感慨造物不公,我不敢相信有人竟半个世纪没用过镜子。

"你不想知道自己长什么样吗?看不到自己是什么感觉?"我问。

"我知道我里边是什么样,"她用手拍了拍胸脯,"不管什么时候我都知道自己里边是什么样的。"

皮莱的话让我陷入了沉思。在这个远离繁华的角落,一个女人从容地做着自己,优雅平静地从青春走向衰老,这期间没有落地镜来检查身体是否发胖,没有放大镜来细数眼角的皱纹,她的生活一定比我们快乐,她的人格也一定充实得多吧?从尼加拉瓜回家后,我做的第一件事是请人拆掉了公寓墙上的那些镜子。没有它们妨碍视线,我终于可以清楚地看到自己,看到自己"里面"是什么样。

充满希望的光源

那是一个雪风嗖嗖的中午。下士董大星生火做饭，厨房四壁透风，他划完了半盒火柴，只听得几十声无效的响，却没有一根火柴争气冒出火苗。他扔掉空盒，重又去拿火柴，翻找了半天，最后声音发颤地惊叫起来："妈呀，火柴没有了！"

哨所在4900米的海拔高度上与四季披雪的山峰为伴，像一枚坚实而孤零的纽扣，钉在西南边陲的国境线上。这里每年有5个月大雪封山，进出不能。封山前，由于给养人员的疏忽遗漏，火柴储备太少，导致了危机。

上士班长一扫平常的温和、文静，把董大星狠狠地训了一顿。饥饿与寒冷昭示着全班将集体步入最后的岁月，生存的渴望同时袭上10个人的心头。

班长终于从忧郁中挣脱出来，吩咐大家到厨房细心搜寻，一根根地检查颗颗报废的火柴头，指望奇迹出现。

天无绝人之路，一个多小时后，董大星将功补过，发现了一根脑袋完好但身子严重残缺的不知是谁遗漏的幸运火种。

火柴棍仅三四毫米，这长度是通向希望，通向光明，通向生存的唯一桥梁。班长肩负起全班的重托和生命的责任亲自操作，他知道稍有闪失，后果将不堪设想。

　　班长把火柴放进腋窝暖了半小时，以降低潮度。为了加大保险系数，这一重大"工程"被移到避风的宿舍进行，同时，兵们牵了4床被子，把班长严严地裹在中间，以防寒风的再次犯罪。班长指甲掐住极短的火柴棍，开始了普罗米修斯盗火般的神圣事业，10颗心都蹦到了嗓子眼，一位藏族士兵还双手合十，祈祷菩萨保佑。

　　随着一声沉闷的轻响，一星火苗战战兢兢地冒出，"身残志不残"的火柴引燃了蜡烛，已被锁进地狱的心房重又豁朗开来。为此，班长的指甲盖被火苗烤黑了，手指发出了肉焦的味道，直到一阵欢呼之后，他才感到快慰的疼痛。

　　接下来的保护措施是严密而细致的。哨所的蜡烛昼夜长明，士兵们除了站岗、巡逻，又多了一项艰巨的任务：每天24小时轮流为烛火值勤，严加看护。

　　于是，《哨所日志》里出现了这样一些举世罕见的文字记载：

　　1月29日，大雪，狂风，封山期进入121天。哨所火柴告急。班长划完最后半根火柴，宣布用蜡烛保存火源。他命令：轮班为烛火站岗，不惜一切代价保护火种，谁出差错，重重问罪。

　　2月4日，大雪，西北风，封山期进入127天。烛火值班员刘晓东在值夜班时，打了大约20分钟的瞌睡(但没有造成任何后果)，被查哨的班长发现，提出了严厉批评，班长在班务会上重申了纪律："必须时时刻刻监视烛火的燃烧情况，蜡烛快燃完时，要提前小心谨慎地续上新蜡烛,火熄在谁的手里,谁就是对10条性命的犯罪!"

2月11日,雪,有短暂冰雹,封山期进入134天。烛火值班员周文华,在离火苗较近的地方打了一个喷嚏,险些把烛火吹灭,被记严重事故一次。班长规定:如不是处理蜡烛续烛或其他紧急情况,值班人员不得随意靠近蜡烛。

2月17日,雪天,太阳露了半小时的脸,封山期进入140天。哨所蜡烛只剩3根。班长召集紧急班务会,商讨对策。最后决定用罐头盒做一个油灯,以炒菜的青油代替蜡烛,接续火种,为防青油不足,以后炒菜不准放油。

2月25日,雪,有风,封山期进入148天。已有一个星期炒菜没沾油星,馋得要命的厨房值班员董大星做菜偷偷加了小半勺青油受到指责。鉴于他上次浪费了半盒火柴,此次又私自放油,两错并罚,班长宣布对他记行政警告一次,待开山后报请连部批准。

2月27日,小雪,封山期进入150天。哨所青油告急,仅剩一大碗,怎么办?谁都没有主意。2月28日,封山期进入151天。青油告急!!!

2月29日,封山期进入152天。青油一点没有了!

……3月3日,开山期第一天。全班饥寒交迫地盼来了连部的牦牛驮队,运来了第一批补给物资。大家热泪盈眶,异口同声地高呼万岁!

震撼心灵的子弹

有这样两颗"子弹",始终震撼着我的心灵。

一颗子弹在我三爷身上。

20世纪50年代,在部队里做宣传工作的三爷参加了抗美援朝战役。在第五次战役后,紧接着就是铁原狙击战,这场战役打得十分惨烈,志愿军伤亡也十分严重,以致于做宣传工作的三爷最后也被派到了一线冲锋陷阵。但是,三爷毕竟还是个文人,平常舞文弄墨的,真正到了战场上,多少有些害怕,再加上缺乏战斗经验,慌乱中的他被倒下的战士绊倒在地。这时候,有个姓郑的战友,一把将三爷拖起来,大声喝道:"起来!大敌当前,谁也别想装孬种!不会有事的,你若死了,家小交给我,快——"

被提起来的三爷"哇"的一声随着那个姓郑的战友冲了出去,哪知道刚冲出去不远,就遭遇了美军的猛烈火力,一梭子弹打过来,三爷身中数弹,当场倒地。那个姓郑的战友连忙冲上去,背起三爷就往担架处跑去,哪知道刚跑出数米,一颗炮弹就在他们身边爆炸了……

两天后,三爷在医院的病床上醒了过来,同时,也得知了那个郑姓战友阵亡的噩耗。原来,就在炮弹爆炸的那一瞬间,是他把三爷迅速地压在身下,一片弹皮恰巧从他的后脑穿过,他当场牺牲了。

三爷的眼泪夺眶而出。由于三爷身体虚弱,第一次手术并没有把他体内的子弹完全取出来,仍剩下三颗在体内,但是在第二次手术时,三爷说什么也要留一颗子弹在自己的体内。三爷说,这样做一是为了不忘那个战友的恩情,二是希望那颗留在体内的子弹所带来的疼痛能提醒他时刻坚强!

三爷至今不知道那个郑姓战友的名字,他一直在找那位恩公的家人。三爷说,不找到恩公的家人,他至死也不会把子弹取出来!

另一颗子弹曾经逗留在一名美国孕妇的体内。

那天,怀孕六个月的她到银行去取钱,刚刚走到银行门口就遭遇了一群歹徒。那是一群疯狂的银行抢劫犯,他们刚刚得手,正在仓皇逃窜。她仅仅与这群歹徒打了个照面,并不知道发生了什么,径直向银行里面走去,就在这时,"砰"的一声枪响,一个丧心病狂的歹徒唯恐她会报警,一枪把她打倒在地。

十分钟后,一辆救护车把她送到了医院。经过医务人员的检查,子弹在右肩靠近神经血管的位置,伤口很深,流了很多血。医生要求立即把这颗子弹取出来,但是这名孕妇却坚决反对,她的理由是,做手术肯定要使用麻醉药,那样就势必会对体内胎儿造成影响,她不能光考虑自己而影响到自己孩子的健康。所以,这次取弹手术取消了,医生们仅仅给她清理并缝合了伤口。那颗留在体内的子弹,她打算把孩子生下来再取。

三个月后,她顺利产下一个健康的婴儿,这是一件喜事。然而不幸的是,就在她生下婴儿的前一个星期,由于子弹所携带的铅毒突然感染,医生诊断出她的右臂将瘫痪!但是,听说孩子十分健康的她,还是欣喜无比地笑了。她把所有的快乐都移植到了孩子身上……

子弹,这个人世间最凶残可怕的嗜血者,这个听起来就令人毛骨悚然的东西,在一定程度上意味着生命的终结。然而这两颗被留存在身上的子弹,却挣脱了所有的恐惧和丑恶,反而凝结了人间最深切的情意、大爱和感动!

留一颗子弹在身上,留一种感动驻人间!

死亡与新生

洪水让十一岁的吉米发现了人类的渺小与可悲，顷刻之间，宏伟的庄园和好多村庄以及所有人全都成了水的玩物，房倒屋塌，强壮的父亲和美丽的母亲在水中打着漩儿，各自哭叫着如两片树叶般被卷走了，她和爷爷被救上小艇后，她心爱的小狗又落水了，也是打着漩儿惨叫着被卷走了。洪水过后，吉米成了小可怜，她变得柔弱多愁又非常敏感。

"吉米，你不是天天在想生命这东西吗？爷爷带你去看个清楚。"爷爷说着就把一副望远镜挂在吉米脖子上，拉起她就走。

到了河边，爷爷指指不远处的河面。河面上漂着一团红色的东西，在烈日的映照下闪烁着密密麻麻的点点红光。

"那是生命的大火！"爷爷的声音在颤抖。

吉米举起了望远镜，她看见了一大堆火蚁，红褐色的大头细腰尾露蜇针的凶残红火蚁，至少有上百万只，抱成团蠕动。

"吉米，你仔细看看火蚁的船是用什么做的。"火蚁会造船？吉米又举起了望远镜。她看不出有什么船，只有忙乱的火蚁。她知道火蚁是遭遇洪水从上游巴拉拿河漂到这岔道小河里来的，被河中草帽大一块露尖的岛顶挡住了去路。

"吉米，火蚁的船是成千上万只火蚁的尸体。"在爷爷的提醒下，吉米看清楚了：火蚁正从老船往新船搬迁，老船真是成千上万只船蚁的尸体，它们的腿脚紧紧地勾连在一起，成了空船，漂挂在迎水一边的水草上。成群的火蚁一趟又一趟地把老船上的幼蚁和蚁后送上新船，新船就在那小小岛顶的背水一边。只见成千上万只强壮的火蚁（那是兵蚁）腿脚勾连在一起，又成了方圆足有十平方米的新蚁船。显然，在漂流的过程中，这些船蚁会一个接一个慢慢死去，为了蚁族的新生，它们在忍受一点一点加重的窒息，直到死去。

蚁船就像一个盛满细碎红珠的大圆盘，在水中旋转着顺流而下。这完全是被动的漂流，水面上一根小小浮枝也会让蚁船遭受重创而忙乱半天，一个小小的浪花也会成为天大的惊险。仅几个时辰，蚁船就遭遇了九次阻隔。

在爷爷的不断解说中，吉米见识了更悲壮的场面：一个又一个、一批又一批累死的工蚁。在不断的死亡中，工蚁越来越少，它们频繁地救护着蚁后和幼蚁，九次将全部蚁后和幼蚁从老船搬到新船。每次搭好新船后，工蚁就要拼命地抢时间，快累死了的工蚁为了不挡路，就抱成一团滚到水里去。

火蚁船又停了。蚁船遭到了一群枪鱼的攻击。枪鱼喜欢吃火蚁，从四面围袭，每攻击一次，蚁船就被咬掉一大块。残缺了的蚁船很快又复原，被咬去多少，火蚁们就争先恐后地补上多少，再咬再补……在枪鱼张大口咬来时，兵蚁一部分被吃掉，没入鱼口的就迅速爬满枪鱼的头并遍及全身，钻进枪鱼的鳞片下猛蜇，射尽体内的剧毒后就葬身水中。

枪鱼消失了，蚁船也只剩下巴掌大一点点了，继续漂流。天黑了，水流湍急起来，生命的大火远去，成了火星。吉米不再追，流泪说："火蚁，谢谢你！"这时，她看见了爷爷的笑和泪光。

吉米终于走出了洪水的阴影。她变得快乐、明智、坚韧，十二岁爱上了体操，十五岁进入国家队，十七岁成了名震南美的巴西体操皇后，十八岁遭遇车祸截肢回农庄，二十五岁患血癌，被医生判定只有一年生命的她，直到现在三十六岁，生命的大火还在燃烧着。她在管理一座拥有数亿资产的大农庄，并出版了七本书。她的小说《生命的大火》就是写火蚁的，开篇写道："那漂在水面上的死亡与新生，让我看见了一种燃烧，为了这生命的大火，死亡和灾难都只是光焰所需的燃料！"

母亲的爱

父亲离开的时候，我五岁。当别的孩子已经可以奔跑，甚至已经可以上幼儿园的时候，我依然坐在那个四面围着护栏，底上带着轱辘的木制摇椅里面牙牙学语。没有人听得懂我说什么，就像当时的我听不懂别人说什么一样。

有人捏着我小肉团似的脸颊逗我说，珠珠，你爸不要你了，他走了。你怎么不哭啊？难怪你爸不要你了，你果然是弱智。我不明白什么是弱智，也不明白他在说什么，只是当那个人厌恶地把糊了我鼻涕口水的手使劲往我身上蹭时，我终于开始号啕大哭。

这个时候，妈妈从屋里跑了出来，她赶跑了那个欺负我的人，然后将我从摇椅里抱出来，如母鸡护雏一样把我紧紧搂在怀里。虽然被勒得很疼，可是闻着母亲身上柔软香甜的气息，我停止了哭泣。

珠珠，别哭了，没有爸爸，你还有妈妈呢，妈妈不会像爸爸一样丢下你，妈妈会一直在你身边的，我的珠珠。

我费劲地抬起头仰望着她美丽的脸，不知为何，我不哭了，她却哭了。

在我七岁之前，我始终是坐在那个特制的木椅里，母亲一次次把我抱出来，不厌其烦地教我学步，可是我反应很迟钝，刚刚站起来又跌下去，好不容易站稳了，踏出去却又踩了空。

从未见过母亲有过厌烦的神色，哪怕是旁人一次又一次的哄堂大笑，围着我像是观看动物园里的猴子。

花了三年的时间，到了十岁那年，我终于可以从木椅里站起来，歪歪斜斜却一步一步坚定地慢慢走出去。然后，母亲开始教我写字，她教我写的第一个字是"妈"字，花了整整三天的时间。当我终于拿着树枝在沙地里歪歪扭扭写出那个字的时候，我看见她沧桑满布的脸上满是幸福的微笑。

到了我可以写出一些简单的字并且可以正确读出它们读音的时候，她认为我该去上小学了。这个时候，跟我同龄的孩子已经背着书包开始念初中。

那一天，她连夜赶制了一个新书包给我，里面装着崭新的书本和铅笔。第二天一早，她领着我走到村口那所小学，别人对我指指点点，好奇得像是第一次参观马戏团。

我顿时有些怯懦，忍不住后退了几步，可是母亲第一次强硬地拉住了我，不顾我的挣扎将我拉进校长室。

那个蓄着长长白胡子的校长，一直紧盯着哭得眼泪鼻涕一起流的我，然后摇了摇头。我不知道母亲在激烈地跟他说些什么，直到母亲拉着我和她一起下跪，我依旧自顾自地哭。

我开始上学了，每天我背着书包去读书的时候，总有比我小的孩子拿着石头扔我，一边扔一边乐不可支地喊，这么大了走路还像鸭子，嘎嘎，你叫两声给我们听听。

我没理他们，只想学着他们的样子去捡石头，可是在我一瘸一拐走过去还没有拾到那些小石子的时候，我便又摔倒了。坐在地上便开始放声大哭起来。于是，那些小孩子们笑得更欢了，纷纷跑过来撕扯我的头发，衣服。

那一天我没有去上学，当母亲找到我的时候，我正在那群孩子的围观中哭得上气不接下气，衣服上全是泥巴印，头发被扯得乱七八糟，满脸的狼狈。于是母亲哭了，如同以往一样，一看见她的泪水我就傻乎乎地笑了，笑得比那些围观的孩子更欢畅。

从那一天起，她每天陪着我上学放学，也是从那一天起，她不再叫我珠珠，而是温柔地唤我宝贝儿。

我渐渐开始懂事了，也开始学会了对那些骂我是面瘫弱智儿的小孩予以反击，我开始懂得了每一个孩子都是母亲眼里的明珠，掌心的珍宝，我开始帮她做一些力所能及的家务活，虽然只是简单的洗碗抹桌子。

我十六岁的那年，顺利地从小学毕业了。那一天捧着学校特别颁发的奖状，她显得非常高兴，眼睛眯成一条缝始终睁不开。她说，宝贝儿，我一定会想办法帮你治好病的。

于是从那一天开始，来我家的陌生男人多了，每一天都有陌生的男人提着礼品来，他们会亲昵地捏着我半边僵硬而肉鼓鼓的脸颊，然后塞给我一大把我从来没见过的花花绿绿的糖果。我一边嚼着口里香甜的糖果,一边对他们满身的烟味皱眉。

村子里开始有了无数传言,年轻而美丽的独居女人不甘寂寞,开始四处傍有钱的男人。于是继面瘫弱智儿的外号之后,我又有了新名字,狐狸精的女儿。那个时候我已经懂事了,我能够明白这些话的意思,于是我又一屁股坐在地上哭得一塌糊涂。

可是这一次直到天黑,我哭到声嘶力竭都没有见到母亲的身影,她终究没有来找我,后来把我牵走的是一个高大的男人。

令我预料不到的是,那些小孩子的话竟会一语成谶,妈妈真的丢下我跑了。只是他们说错了一点,她不是跟着野男人跑的,而是把我丢在野男人身边,一个人跑了。

野男人对我很好,我想就算我爸没有离开也没有那么好。他会给我买新衣服,做好吃的,甚至弯下腰给我洗脸洗脚,可是我不吃他那一套,我把洗脚水一蹬,就开始扯开嗓门号啕大哭,边哭边抽泣,我要我妈。

野男人告诉我,你妈要攒你的手术费和医药费,打工去了。我不明白什么是打工,于是继续哭,哭得歇斯底里上气不接下气。

我开始不吃饭,不喝水,甚至不睡觉。于是野男人说,你这孩子怎么这么不懂事呢,你知不知道你妈为了你牺牲多少,受了多少白眼吗?当初你爸想要第二胎,你妈死活不肯,说是要照顾你一辈子。而现在你还不吃不喝地给我添麻烦,万一病了,你想你妈回来急死吗?

这番大道理我听不明白,所以我依旧哭,将盆踢得更远,水溅了男人一身，他的巴掌扬了起来，我害怕得缩了一下，可是那只手终究没有落下。最后他不耐烦地对我吼了一句，你妈会回来的。

于是我不哭了，抬起哭得通红的眼问他，什么时候回来？

赚够医你的钱就回来了。

什么时候赚够？

等你长高点就赚够了，那个时候也回来了。

以后的日子每天就在这些反复的追问里度过，我每天拼命地吃，就害怕自己长不高，妈妈就不回来了。当我个子长到已经可以够到那个放糖的高柜子时，外面的春花开了三次又谢了三次。

妈妈终于回来了，可是当我看见她的时候我几乎已经认不出来了。那个在我记忆里美丽而挺拔的母亲，在三年的岁月磨砺里变得又矮又丑，原本挺得笔直的背脊变得苍老而佝偻，面容沧桑布满皱纹，宛如垂暮老人。

只有那双温柔的眼睛，依旧晶亮如天边照耀的明星，仿佛她从未离开过我。她塞给我一个厚厚的信封，然后将我死死搂在怀里，开心地嚷，宝贝儿，我有钱了，这下你的面容一定会变得跟正常人一样，以后就不会有人再笑话你了。

宝贝儿，宝贝儿，我好想你。她反复地在我耳边呢喃着，可是我不乐意了，我把嘴一撅然后大声地嚷，我是珠珠，不是宝贝儿。

她一愣，然后抱紧我。笑着笑着就突然哭了，我感觉到有温暖的液体流进脖子里，一直灼热到心里。于是，有生以来的第一次，在她哭的时候我没有笑，而是跟着她一起哭了。

最真挚的爱

那段时间她生病住院,来看望她的人很多,亲戚、朋友、下属……她不得不打起精神一一应对。

每一位来访者,嘘寒问暖,嘱咐她安心养病。她应着,知道大家都很忙,耽误了别人的时间,她感觉抱歉。

目光在来者中逡巡,她看到一个十三四岁的女孩,垂着双手,有些羞涩地站着。

她想起来,来医院那天,下车时,女孩正好从车旁经过。虽然女孩两手空空地来看她,还是有温暖,轻轻掠过她的心。

女孩是她赞助的一名贫困女生。那时候,她刚开了一家美容院,女孩的资料是从报纸上看到的,父母在一场事故中去世,女孩与奶奶相依为命。

一对一的赞助方式,每年付1200元钱。她有些怜惜女孩,决定赞助她。

可在给女孩送钱的过程中,她从班主任那里了解到,女孩常常迟到。原来,女孩和奶奶住在郊区的一间地下室,离学校距离远不说,还阴暗潮湿。

她想起了自己的另一套住房。房子很小,一室一厅,是当年和爱人刚来这个城市时买下的。后来，他们搬进海边的别墅，嫌出租麻烦，小房子就一直空着。她当即决定，让女孩和她奶奶搬进这套小房子里。

一年1200元钱的赞助费，对她来说不过一件衣服、一顿饭钱而已，让出房子，既方便了女孩，房子又有人照顾，一举两得。可作为一名商人，她懂得，任何行为都可能蕴含商机。她与电视台的朋友一起策划，于是人们在电视节目中，看到了这样令人感动的一幕幕：

女孩在潮湿的地下室里，瑟瑟发抖；女孩和奶奶搬进新房子，欣喜无比，女孩接过她手里的钱，流下感动的泪水；她和女孩母女一起促膝交谈……

节目录制得很成功。播放后，许多观众在电视机前流下眼泪。很长一段时间，美容院的生意额直线上涨。

爱心也能创造价值，她在心里暗暗叫好。

如今，她很想对女孩说点什么，比如，问问成绩，或者生活得怎样？可女孩被挤在一群人后面，像一朵最不起眼的小花。她也就闭了嘴。朋友们走了，女孩也走了，自始至终都没有说一句话。

她没有想到，第二天清早，她刚起床，女孩像一只小猫，轻手轻脚地走来，手里拎着一只保温桶。她还没开口，女孩先笑了，说，阿姨，喝点粥。

打开保温桶，一股清香溢出来：白米，红豆，大枣，莲子……酽酽的八宝粥袅袅冒着热气,她的肚子在那一刻咕咕叫起来。

每天早上女孩都来送粥,这给她带来了极大的便利。早上,爱人要照顾儿子,又要送儿子去幼儿园,忙得不可开交。女孩的参与,直接帮他们家解决了一大难题。

可她隐隐不安:学生时间紧张,她耽误女孩太多时间了吧?

女孩却安慰她:阿姨,不碍事的,医院在家和学校中间,我顺路,我也要吃早餐,给您送来,只是顺便而已……

随着住院时间的延长,来看望她的朋友越来越少,她不抱怨,只是心里滋生了越来越多的寂寞。

倒是女孩,不离不弃,每天早上准时到来,拎着香喷喷的八宝粥。

她问,你奶奶好吧?女孩点点头。

她问,期中考试考完了考得怎样?女孩脸上飞过一抹红晕,说,别的科还行,就是英语,不太理想。

她有些着急,说,抓紧时间补补呀!女孩点点头,脸更红了。

她的身体恢复得挺好,那天她醒得早,醒来后感觉神清气爽,穿衣下床,信步走出来。再过两天就要出院了,她想去女孩那里看看。路程不太远,十分钟就到。抬手准备敲门,她笑了,这是自己的房子,自己有钥匙。把钥匙插进锁眼,门开了。女孩在餐桌前,见了她,"呀"一声,赶紧站起来。

走进来,四下环顾:屋子有些乱,被子在床上没有整理;小小的餐桌上,半块馒头,一碟咸菜,旁边还摊开一本英语书。女孩在边吃边学。

她问,奶奶呢?女孩说,奶奶身体不太好,被叔叔接回老家了。她诧异地看看女孩,走进厨房。厨房里,砂锅在火上"咕咕"响着,打开盖子,她一眼看出来,半砂锅的八宝粥,不多不少,正是每天送给她的数量。

一种说不清的滋味在心里溢开。转过身,看着这个十四岁大的女孩,想起女孩的话:阿姨,我只是顺便而已。她的眼睛慢慢湿润了。

曾经,她把最"顺便"的事,做得最不"顺便";而女孩用自己稚嫩的肩膀,把最不"顺便"的责任,"顺便"承担下来,却让她心安理得地享受着。

羞愧在心里席卷而来。拥住单薄的女孩,仿佛有丝丝春雨,轻轻涤荡她的心。

特别的"服务生"

詹姆斯·麦克格里威先生是超市里刚刚招聘来的服务生,他已经50多岁了,超市的装卸与摆放工作已远远超出了他的体力负荷,在紧张而繁忙的工作节奏下,他甚至略显笨拙、老态,但是,超市老板还是把他留了下来,因为,他的佣金最低,低到每天只需10美元。

第一天上班,詹姆斯先生就非常努力,他负责把一整车袋装的麦片扛到超市的仓库里,然后码好,做好登记。但是,第二天一早,上班不到两个小时,超市老板就把他叫到了办公室,老板要解聘他,因为他在超市的商品后面贴上了一些不相干的小广告,这一举动引起了许多顾客的不满。要把这些小广告从商品的背后撕下来,需要花费很长时间,詹姆斯先生总是把这些广告粘得很牢。

看到老板要炒了自己,詹姆斯先生万分紧张,他再三央求老板,再给他一次机会,哪怕自己可以不要工钱!老板是个吝啬鬼,一听说不需要工钱,就再没有说什么,连忙吩咐詹姆斯先生干活去了。

一切如旧,詹姆斯先生隔三差五地被老板叫到办公室,每一次，老板都要炒他鱿鱼，但是，每一次又都没有炒成，因为，詹姆斯先生留在超市的薪酬已由不需要一分钱，变成了每个月支付超市100美元。

詹姆斯先生在商品上粘贴小广告是有选择性的，他只选择在麦片、薯条和巧克力包装的后面粘贴，小广告的尺寸也在不断变化，广告语也层出不穷。这些广告，让许多顾客都耳熟能详。

许多人都讥笑詹姆斯先生是个十足的傻瓜，竟然倒贴钱在超市打工。超市老板也异常纳闷，老板心想，詹姆斯这个老家伙竟然愿意倒贴钱也要待在我的店里，不会是想传播什么不良信息吧？于是，超市老板连忙叫人把詹姆斯先生粘贴在商品后面的小广告拿下来看，这一看，竟然把铁石心肠的超市老板感动得泪如雨下：

尊敬的顾客：

您好！

实在是冒犯了，我有一个18岁的女儿，到新泽西州来旅游，3个月未归，她走丢了。她喜欢吃麦片、薯条和巧克力，如果您也想让她像您一样享受这些美味，那么，请您一定要帮助我（另附爱女露丝的照片）。

这是一个发生在美国新泽西州真实的故事，后来，詹姆斯·麦克格里威终于找到了自己的女儿。在解除雇佣关系那天，老板以多出一般员工10倍的钱付给了詹姆斯先生薪酬,但是,却被詹姆斯先生回绝了,因为,他不需要这些钱,他是一位身家1000多万美元的企业家!

走正人生的道路

法庭里座无虚席,开庭审判的是一起绑架案。罪犯是一个民工,让人欣慰的是,孩子安然无恙。虽然没有造成严重后果,但他仍然要受法律的制裁。

民工绑架的是老板的儿子。之前,他在老板那里干了八个月,却没有拿到一分钱。他几次要求老板先预支一点钱,哪怕几百元也行。他是家里唯一的顶梁柱,他母亲患有严重的心脏病,一天也离不开药。孩子上学也要钱。还有个因失恋患上神经病的妹妹。他还要为妹妹治病,不能看着妹妹天天披头散发满街乱跑。他每次找老板要钱,老板都一脸的不耐烦,往往他还没说几句话,就被老板叫来的保安赶出了办公室。

终于,他忍无可忍,绑架了老板的儿子。后来,他后悔了,他完全可以跑掉,但他怕孩子一个人出意外,也担心孩子害怕,便一直把孩子抱在怀里。当警察出现的时候,孩子在他怀里睡得正香。

他被判了五年有期徒刑。旁听席上的人都为他惋惜,到底是不懂法,否则,也就不会付出这样大的代价。他那个风雨飘摇的家怎么办呢?

就在法官宣布退庭时，从旁听席上传来一个苍老的声音：等一等，我有话要说。大家扭过头望去，是一个年过花甲的老妇人。有人认识她，她是孩子的奶奶。孩子被绑架之后，老人一病不起，那是她最爱的孙子，也是孙子辈中唯一的男孩儿。众人的心都有些紧张，或许老人还要提额外条件，那个已经一无所有的民工还能承受得起吗？

老人慢慢地向被告席走过去，他站在民工面前，大家看到，她的嘴角在抖动。大厅里鸦雀无声，谁也不知道会发生什么事。

突然，老人弯下腰，向民工深深地鞠了三个躬。所有的人都愣住了，包括原告席上的老板，他想母亲大概气糊涂了。

老人抬起花白的头，泪水流了一脸。良久，她缓缓地说：孩子，这第一个躬，是我代我儿子向你赔罪。是我教子无方，让他做出了对不起你的事。该受审判的不应该是你，还有我的儿子，他才是罪魁祸首。这第二躬，是我向你的家人道歉。我儿子不仅对不起你，也对不起你的家人。作为母亲，我有愧呀。这第三躬，我感谢你没有伤害我的孙子，没给他的心灵留下丝毫的阴影，你有一颗善良的心。孩子，你比我的儿子要强上一百倍。

老人一番话，令在场的人都为之动容，这是一个深明大义的母亲。而这个民工失声痛哭，是感动，也是后悔。

后来，老人的儿子不仅为民工支付了工钱，还把那个民工的母亲和妹妹接到城里来治病。

我想，是老人的宽容和大义救赎了儿子的灵魂。母亲的三个躬不仅是鞠给民工的,也是鞠给儿子的。她是用这样的方式规劝儿子,不能做昧良心的事。

不管我们选择了怎样的人生道路,走得正是第一要义。不愧对良心,不违背道义。最起码,不要做让母亲伤心的事,更不要让母亲向我们低下她苍白的头。

信任一个小偷

遇到安尼尔时，我还是一个贼。虽然只有15岁，但我已经是一个经验老到的"三只手"。

当时，安尼尔正在兴致勃勃地观看摔跤比赛。他大约25岁，长得又高又瘦，看起来很随和，也很仁慈。这样的人是我的最佳目标。

我靠近他，奉承说："你看起来有点像摔跤手。"

"你也是。"他答道，然后就把我晾在一边。我尴尬地笑了笑，因为我也很瘦。

"你叫什么名字？"

"哈里·西恩。"其实，哈里·西恩并非我的真名。每个月我都给自己取一个新名字，这样可以减少警察对我的注意。

比赛结束后，安尼尔离开。我紧跟了上去："我想替您工作。""但我没钱付你薪水。"

也许我看走眼了，但我还是不死心："您可以免费提供伙食吗？"

"你会做饭吗？"

"会。"我又说了谎。

"如果你会做饭，那么我可以管你吃饭。"

他把我带回了位于赞木讷大街的家。他的家很狭小，我只能睡在阳台上。

我不介意，因为我并没打算长住。

那天晚上我做的饭一定非常难吃，因为安尼尔把饭赏给了一只流浪狗，并且叫我离开。

我赖着不走，装出一副可怜兮兮的样子。

他无奈地笑了笑，摸摸我的头说："没关系，我可以教你。"

令我没想到的是，他还教我写我的名字，并且说，将来还会教我数学以及写作。

为安尼尔工作是很愉快的。早上泡茶，然后去买一天的必需品。通常，一天我扣下1个卢比。我想安尼尔一定知道，但他从不说穿。

安尼尔赚钱断断续续。这周能拿一笔钱，下周则可能颗粒无收。

他的工作就是给杂志写文章——一种奇怪的谋生方式。

一天晚上，他带着一小捆钞票回家。他刚把一部书稿卖给了出版商。睡觉前，我看见他把钱藏在了床垫下。

我已经差不多为安尼尔工作了一个月，他给了我一把钥匙。他是我遇到的最信任我的人。但这正是难以下手的原因。

偷窃一个贪婪的人容易，因为你觉得他活该被偷；但偷窃一个粗心的、信任你的人很难——有时他甚至不知道他已经被窃。

我慢慢向安尼尔的床爬过去。他睡得很安详，没有丝毫防备。

犹豫了一会儿，我一咬牙，把手伸进了床垫下。没费什么工夫，我就摸到了那捆钱。我轻轻把钱拖了出来。

就在这时，安尼尔翻了个身，脸朝着我。我一惊，迅速爬出了房间。

来到街上，我数了数钱，一共600卢比。我可以潇潇洒洒过一两个星期了。

我直奔火车站月台，前往勒克脑的火车刚刚启动，我完全可以跳上去，但我却突然犹豫了。

离开火车站，我漫无目的地走着。

在我作为一个贼的短暂职业生涯中，我研究过那些丢失了财物的人的脸。

贪婪的人表现出恐惧，有钱人表现出恼怒，穷人则无奈地默默接受。

但安尼尔，当他发现被偷窃时，他的脸上表现出的只是一种伤感。不是为失去钱，而是为失去信任。

不知过了多久，我发现自己坐在了练兵场的一张长椅上。夜深了，有点冷，还下起了小雨，我躲进钟楼里。已经是半夜了，那些钱已经被雨水浸得湿透。

是的，安尼尔的钱。第二天早上他也许会花两三个卢比去看电影，但现在，他所有的钱都在我手上。

我不能再给他做饭，不能再跟他学更多的知识。

我知道，知识也许仅一天就能带给我更多倍的600卢比。

偷窃很容易来钱，但是可耻，而且整天担心被警察抓。

对于一个真正的男人来说，他需要的是别的东西，不是偷窃。我对自己说。

我带着紧张的心情回到安尼尔的家，他仍然在酣睡。

我拿着那些钱，蹑手蹑脚走到床头。站了大约一分钟，我摸到床垫的边缘，把钱放到了床垫下。

第二天早上我醒得很晚。当我从地铺上爬起来，发现安尼尔已经泡好了茶。

他把手伸向我，两根手指间夹着一张50卢比的钞票。

我的心一沉，我想我已经被发现了。

"昨天我赚了点钱，"他说道，"从这个月开始，我可以给你支付薪水了。"

我松了一口气。但当我接过钱，发现钱还是湿的。

"今天我们开始学造句。"他说道。

他什么都知道。但他的言行与眼神告诉我，昨晚什么也没发生。

我对安尼尔报以最真诚的微笑，安尼尔也回报我同样的笑容，没有丝毫的做作。

自卑让你更自信

11岁的小蛋儿跟在爸爸、妈妈后面进了屋,一屁股瘫软地坐在沙发上,低着头,沉着脸,撅着嘴,一言不发,问话不答。

他的妈妈快言快语地向我诉说:

"7岁那年,他爸和我离婚了。就从那年开始,这孩子就一直在看病,这病看好了,那病又犯了,那病刚有好转,新的毛病又犯了。"

"其实也没什么大病,市里、省里、北京的大医院都检查过,到哪家医院都是相似的检查程序,都说没什么实质性的病。"

"可是,这已经三四年了,他只要一到学校,说不准什么时候就犯病。一犯病就腿软,全身出虚汗。"

"我每月给老师500元钱,让老师给予照顾。体育课已经三年没上了,他身体太虚弱了。我还想让老师给他个班干部职务,以提高他的自信心。"

"最近以来,不知怎么,干脆不能去上学了,只要一提起老师、学习、上学,他马上就双腿瘫软了,全身出虚汗。"

"他总觉得自己什么也不行,不如别人。有时候,他甚至跟我说,妈妈,我可能不行了。"说到这里,小蛋儿的妈妈伤心地哭了。

小蛋儿的爸爸叹口气说：

"孩子的情况基本上就是这样，我们的家庭比较特殊，我也没办法。"

"只能是死马当活马医了。"

"钱，我们有。"

"我特别忙，得马上走。"说着，他起身，急急忙忙地离开了。

小蛋儿的妈妈，迫不及待地拉着我的助手诉说冤屈。

这边，只有我和萎靡不振的小蛋儿两个人。

我把微笑的脸转向他，善意地看着他，开始和他温柔地说话：

"小蛋儿，你平时最喜欢什么？"

他摇头不答，也不看我。

"那么，你平时最爱玩儿什么呢？"

他还是摇头不答，但是，抬头看了我一眼。

我略思索了一下问他：

"爱下跳棋吗？"

他抬头看了我一眼，然后，低着头，小声说：

"我妈常跟我玩儿，她老赢，我下不过她。她特厉害！"

"早玩儿腻了。"

我接着问他：

"象棋呢？"

见他猛然抬起头,眼睛一亮,咧开嘴巴笑了:

"刚跟楼上的乐乐学会的。其实是我看会的,他们玩儿,我在旁边看着看着就学会了。我妈不让我跟乐乐他们玩儿,说他们学习不好。"

"叔叔,你家有象棋吗?"

"有啊!"

"咱们俩来玩象棋?"

"好啊!"

第一局,我让他赢了。

他兴奋地拍着手,在地上跳,边跳边拍手叫好:"好!好!我赢了!我赢了!"

第二局,我又让他赢了。

他又兴奋地在地上跳,边跳边拍着胸脯叫好:"好!好!我又赢了!我胜利了!"

第三局,我还是让他赢了。

他这次可超常发挥了。他兴奋地一跃而起,左右手轮换地拍着胸脯,而且有一系列的连贯性动作和洪亮的喊声。他左手有力地拍一下胸脯中间,迅速伸展左臂,同时竖起拇指,与此同时,双腿跃起,落地时,左腿在前,右腿在后,左臂在前,右臂在后,并在竖起拇指的瞬间,大声喊出:"我最棒!"然后,右手拍胸脯、竖起拇指、双腿跃起、大声喊出:"我最棒!""我最棒!""我最棒!"

在这一瞬间，我确实被这个孩子感动了。这么一个自卑的孩子，这么一个让父母亲都如此失望的孩子，我仅仅让他赢了三局棋，他就能如此自信，如此勇敢，如此超常发挥，能具有如此的创造力！

我的感受太深刻了。我想把这种深刻的感受告诉所有的父母亲：父母亲别怕输给孩子，要想让你的孩子比你更有自信，比你更勇敢，比你更有创造力，要想让孩子超常发挥优势，早日走上成才之路，就一定要甘心情愿地做孩子的陪练，做孩子登高的人梯，让他站立在你的肩上，就一定要主动让孩子战胜你，主动让孩子赢！只有赢，人生才能不败。